AF348210

OBSERVATIONS ASTRONOMIQUES ET PHYSIQUES

FAITES EN L'ISLE DE CAÏENNE.

Par M. RICHER, *de l'Academie Royale des Sciences.*

A PARIS,

DE L'IMPRIMERIE ROYALE.

M. DC. LXXIX.

OBSERVATIONS
ASTRONOMIQUES
ET PHYSIQUES
FAITES
EN L'ISLE
DE CAÏENNE.

CHAPITRE I.

DESSEIN DU VOYAGE EN L'ISLE de Caïenne.

'ACADEMIE Royale des Sciences, qui s'applique particulierement à de nouvelles découvertes dans la Physique & dans les Mathematiques, résolut en l'année 1671. pour la perfection & l'avancement de l'Astronomie, d'éclaircir les doutes que les Astronomes anciens & modernes ont eûs jusques icy touchant les principaux fondemens de cette Science, & d'établir par ce moyen des regles plus certaines, & qui pussent approcher plus prés de la verité, que celles que nous avons eûës

A

jufques à prefent. Pour exécuter ce projet, elle trouva qu'il eftoit à propos d'envoyer quelque Obfervateur du cofté de l'Equateur, en quelque lieu fort éloigné de l'Obfervatoire, afin que ces deux endroits eftant beaucoup differens en hauteur de Pole, & celuy qu'on auroit choifi vers le Midy, moins fujet aux réfractions qui fe rencontrent en Europe à l'égard des hauteurs Meridiennes des Planetes & de plufieurs fixes, on puft par les Obfervations qui feroient faites en l'un & en l'autre, tirer des connoiffances plus certaines.

1. De la vraye Obliquité de l'Ecliptique.

2. Des momens aufquels arrivent les Equinoxes, ou ce qui eft la mefme chofe, combien de temps le Soleil demeure plus dans les Signes Septentrionaux que dans les Méridionaux.

3. Des parallaxes du Soleil, de Venus & de Mars, le dernier de ces Planetes devant eftre dans fa plus grande proximité de la terre, aux mois d'Aouft & de Septembre 1672. ce qui n'arrive que fort rarement.

4. Des mouvemens & de la parallaxe de la Lune, qui ne font pas encore bien connus.

5. Des mouvemens de Mercure, qui n'eft veû que rarement en Europe.

6. De la Déclinaifon, Afcenfion droite & grandeur des fixes Auftrales, qui ne paroiffent point fur l'Horifon de Paris.

On ajouftoit à ces Obfervations Aftronomiques plufieurs autres qui regardent la Phyfique; fçavoir:

1. Quelle eft proche de l'Equateur la durée des Crepufcules.

2. Quelle eft la grandeur des réfractions de la lumiere dans l'air.

3. A quelle hauteur monte le vif-argent dans les Barometres.

4. Quelle eft la longueur du pendule à fecondes en ce mefme lieu.

5. Si le flux & reflux de la Mer eft fenfible aux coftes de l'Amérique, comme aux coftes de France fur l'Ocean, & à quelle heure il arrive aux jours des nouvelles & pleines Lunes, & aux jours fuivans.

Eftant donc important de faire ces obfervations, à caufe des utilitez qu'on en pourroit tirer, pour arriver au but qu'on s'eftoit propofé; & l'occafion fe prefentant d'un vaiffeau qui alloit aux coftes de l'Amérique, en l'Ifle de Caïenne, éloignée de l'Equateur vers le Septentrion d'environ cinq degrez: je partis de Paris par ordre du Roy, en l'année 1671. au mois d'Octobre, pour aller en cette Ifle, avec tout ce qui m'eftoit neceffaire pour l'exécu-

tion du deſſein & des memoires dont j'eſtois chargé. Je m'em-
barquay à la Rochelle le 8. de Février 1672. avec le ſieur Meu-
riſſe qu'on m'avoit donné pour m'aider à faire mes Obſervations.
J'arrivay en l'Iſle de Caïenne le 22. d'Avril ſuivant, & j'y demeuray juſques à la fin de May 1673. pendant lequel temps je fis
les Obſervations qui ſe verront dans la ſuite.

La premiere que je fis pendant le voyage fut d'une Comete
que j'apperceûs le 15. Mars ſur les huit heures du ſoir du coſté de
l'Oüeſt : nous eſtions alors proche du Cap blanc en la Coſte d'A-
frique. Cette Comete eſtoit dans la conſtellation d'Andromede,
& avoit ſa queuë tournée vers l'Eſt. Elle eſtoit le lendemain un
peu au deſſous d'une petite eſtoile, qui eſt entre le pied droit
d'Andromede & le triangle ; le 27. elle paroiſſoit en droite ligne
avec deux eſtoiles du pied droit de Perſée marquées ζ & ο dans
Bayerus. Je la vis encore le 28. le 29. & le 30. mais ſans queuë,
quoy - que ſon corps n'euſt pas diminué de groſſeur.

CHAPITRE II.

DES INSTRUMENS AVEC LESQUELS
les Obſervations ſuivantes ont eſté faites.

JE me ſuis ſervi, pour faire mes Obſervations, d'un quart de
cercle & d'un Octans, deſquels le demi-diametre, ſçavoir celuy
de l'Octans, eſtoit long de ſix pieds, & celuy du quart de cercle
d'environ deux pieds & demi.

Ces inſtrumens eſtoient de fer bien battu, & le limbe de l'un
& de l'autre, ſur lequel on avoit tracé la diviſion, eſtoit de cui-
vre, chaque degré eſtant diviſé en minutes par des lignes tranf-
verſales, de telle maniere que ſur chaque minute de l'Octans je
pouvois aiſément eſtimer la grandeur de huit ou dix ſecondes.

Je ne m'arreſteray point à faire une plus longue deſcription de
cette diviſion, ni des Lunetes de longue veüë qui ſervoient de
pinules à ces inſtrumens, Monſieur Picard ayant donné l'une &
l'autre fort au long & avec beaucoup de netteté, dans le Traité
qu'il a fait de la Meſure de la Terre.

J'avois pour la meſure du temps deux Horloges à pendule,
dont l'une marquoit les ſecondes, & l'autre les demi-ſecondes :
elles avoient eſté faites par le ſieur Thuret Horloger ordinaire du
Roy, qui par ſon exactitude & la délicateſſe de ſes ouvrages, a
ſurpaſſé juſques à preſent tous ceux qui ſe meſlent de la fabrique
des Montres & des Horloges à pendule.

Auparavant que de partir pour aller en Caïenne, je voulus verifier l'Octans & le quart de cercle, c'est à dire, que je voulus reconnoiſtre s'ils repreſentoient au vray les hauteurs apparentes des fixes & des planetes ſur l'horiſon. Pour ce ſujet, je fis à Paris dans l'Obſervatoire, à la Rochelle proche l'Egliſe Cathedrale, & en Caïenne, y eſtant arrivé, les Obſervations ſuivantes.

Dans l'Obſervatoire, j'obſervay au mois de Septembre de l'année 1671. avec l'Octans, la plus grande hauteur meridienne de l'eſtoile polaire que je trouvay par diverſes fois eſtre de 51°. 18′. 40″.

Eſtant arrivé à la Rochelle, j'y obſervay aux mois de Décembre de l'année 1671. & de Janvier 1672. la plus grande hauteur meridienne de la meſme fixe, laquelle je trouvay avec l'Octans eſtre de 48°. 38′. 10″. & avec le quart de cercle de 48°. 38′. 55″. ou 60″.

Dans le meſme temps j'obſervay du coſté du Midy la fixe de l'épaule droite d'Orion, de laquelle je trouvay la hauteur meridienne avec l'Octans, eſtre de 51°. 9′. 15″.

Par ces Obſervations faites à la Rochelle on connoiſtra que le quart de cercle faiſoit les hauteurs des fixes ſur l'horiſon, plus grandes de 45″. ou 50″. que l'Octans.

On ſçaura de plus, que la difference entre la hauteur du pole de l'Obſervatoire, & celle du lieu de la Rochelle, où j'ay fait mes Obſervations, eſt de 2°. 40′. 30″. ſans avoir égard aux differences des réfractions qui ſe rencontrent dans les differentes hauteurs de l'Etoile polaire à Paris & à la Rochelle.

Eſtant arrivé en l'Iſle de Caïenne, je remarquay que l'Octans & le quart de cercle gardoient toûjours la meſme difference entre eux dans les obſervations des hauteurs meridiennes, & que le quart de cercle les faiſoit plus grandes que l'Octans d'environ 50″. ce qui me fit juger que ces inſtrumens n'avoient ſouffert aucun changemeut, aprés avoir eſté tranſportez de France en l'Iſle de Caïenne.

Aprés eſtre arrivé dans l'endroit de cette Iſle où j'avois réſolu de faire mes Obſervations, (ce lieu eſt éloigné de l'Equateur vers le Septentrion d'environ 4°. 56′. & ſon méridien eſt plus occidental que l'Obſervatoire de Paris d'environ trois heures 38. minutes) je voulus ſçavoir ſi l'Octans repreſentoit au vray les hauteurs apparentes des fixes & des planetes ſur l'Horiſon, ou combien il s'en falloit de plus ou de moins. Pour cét effet je me ſervis de la maniere ſuivante.

L'inſtrument eſtant placé dans le méridien de la maniere expliquée au long dans le 9. Chapitre, j'obſervay cinq fois la hauteur meridienne de la fixe appellée, *in collo aquilæ,* aux mois de Septembre

bre

bre & Octobre de l'année 1671. du costé du Septentrion, quoy-
que l'Octans fust tourné du costé du midy (y ayant sur la cir-
conference d'iceluy 40°. divisées entre le point de 90°. ou le premier point de la division & la lunette de longue veüë qui sert
de pinule) & je trouvay qu'estant ainsi posé, le complement de la
hauteur méridienne de cette fixe estoit de 41'. ou 40'. 55". & par
consequent sa hauteur méridienne du costé du Septentrion à mon
égard estoit de 89°. 19'. 0". ou 5".

Aprés ces Observations, je tournay l'Octans du costé du Septentrion le 11. Octobre ensuivant, & je le plaçay dans le méridien de la mesme maniére & avec les mesmes précautions qu'auparavant, ensuite de quoy je trouvay par cinq fois que la hauteur méridienne de cette mesme fixe estoit de 89°. 18'. 40".

On voit par ces Observations, que la difference de ces hauteurs
méridiennes, suivant les deux differentes positions de l'Octans, est
de 20". & la moitié, sçavoir 10'. ce dont cét instrument abbaisse les
hauteurs apparentes sur l'Horison, d'autant qu'estant tourné du
costé du midy, & renversé vers le Nord, pour observer une fixe
qui est de ce mesme costé à l'égard de l'Observateur, il la repre-
sente plus haute de 20". dans le méridien, que lors qu'il est tourné
du costé du Septentrion.

Il faut donc remarquer que pour avoir les veritables hauteurs des
planetes & des fixes que nous avons observées, il faudra ajouster 10".
à celles qui ont esté prises avec l'Octans, & en oster 40". de celles qui ont esté observées avec le quart de cercle, à moins que je
n'avertisse en quelques endroits que cela a esté fait.

Je dois aussi faire remarquer que l'Octans n'a souffert aucun
changement dans la representation des hauteurs méridiennes des
fixes & des planetes, pendant le temps que j'ay esté en Caïenne :
car j'ay trouvé le premier jour d'Aoust de l'année 1672. & le 25. Février de l'année 1673. que la hauteur méridienne du cœur du Scorpion estoit de 59°. 25'. 10". & le 20. Septembre de l'année 1672.
& le 16. Mars de l'année 1673. j'ay observé que la hauteur méridienne du grand Chien, estoit de 68°. 45'. 55" ou 46".

Outre les instrumens susdits, je me suis servi dans les Observations des Eclipses d'une lunette de cinq pieds de long, & d'une
autre de vingt pieds, de laquelle le verre objectif qui estoit tres-
bon, & qui est encore presentement entre mes mains, a esté fait
par M. Borelli de la mesme Académie Royale.

CHAPITRE III.

DU SOLEIL.

AVERTISSEMENT TOUCHANT les Observations suivantes.

IL faut remarquer que j'ay toûjours observé la hauteur méridienne des bords du Soleil, & que pour avoir la hauteur de son centre au temps de l'observation, il faudra avoir recours à la table des diametres de cette planete pour tous les jours de l'année, faite avec beaucoup d'exactitude par M. Picard, aprés avoir observé le diametre d'icelle pendant plusieurs années. Et si j'appelle le bord que j'auray observé, Inferieur, il faudra ajoufter à sa hauteur le demidiametre du Soleil, pour avoir la hauteur de son centre; & si je l'appelle Superieur, il faudra l'ofter.

On trouvera que j'appelle en quelque endroit le mefme bord du Soleil, Inferieur, & le lendemain, Superieur, fans que cela doive caufer aucune confufion. Par exemple, le 9. jour de Septembre de l'année 1672. le Soleil eftant pour lors du cofté du Septentrion, à l'égard du lieu où j'obfervois fa hauteur méridienne, j'appelle le bord le plus prés de l'horifon de ce mefme cofté, Inferieur & Boréal, & le lendemain, dautant que le Soleil eftoit tourné du cofté du Midy, ayant paffé le Zenith, & que pour lors ce mefme bord eftoit le plus éloigné de l'horifon de ce mefme cofté, je l'appelle Superieur & Boréal.

On pourra remarquer la mefme chofe à l'égard des Obfervations faites le 31. jour de Mars de l'année 1673. & le lendemain premier jour d'Avril.

OBSERVATIONS DU SOLEIL

faites avec l'Octans, An. 1672.

HAUTEURS MERIDIENNES.

May.

LA premiére des Obfervations du Soleil faites en l'Ifle de Caïenne avec l'Octans duquel nous avons parlé cy-deffus au Chapitre 2. fut faite le 28. de May en l'année 1672. auquel jour je trouvay le bord Superieur & Auſtral de cette Planete haut dans le méridien de 73°. 33'. 15''.

Le 29. hauteur du meſme bord, 73°. 24'. 10''.

Le 30. hauteur du meſme bord, 73°. 15'. 35''.

Le 31. hauteur du meſme bord, 73°. 7'. 15''.

Juin.

Le 1. hauteur du meſme bord Superieur & Auſtral, 72°. 59'. 50''.

Le 3. hauteur du meſme bord, 72°. 44'. 10''.

Le 8. hauteur du meſme bord, 72°. 13'. 45''. ou 50''.

Le 12. hauteur du meſme bord, 71°. 57'. 5''.

Le 14. hauteur du meſme bord, 71°. 51'. 5''.

Le 15. hauteur du meſme bord, 71°. 48'. 50''.

J'obſervay juſques à ce jour le bord du Soleil, qui eſtoit Superieur & Auſtral à mon égard: mais m'eſtant ſouvenu que Meſſieurs Caſſini & Picard, qui devoient obſerver dans l'Obſervatoire Royal de Paris, en meſme temps que j'obſerverois en Caïenne, eſtoient convenus avec moy que nous obſerverions les uns & les autres le bord du Soleil, qui eſt toûjours Superieur & Boréal aux Européens, & qui eſtoit pour lors Inferieur & Boréal dans le lieu où j'obſervois, je commençay d'en obſerver la hauteur méridienne que je trouvay le 16. de ce mois, de 71°. 15'. 5''.

Le 17. hauteur du meſme bord, 71°. 13'. 40''.

Le 18. hauteur du meſme bord, 71°. 12'. 35''. ou 40''.

Le 19. hauteur du meſme bord, 71°. 11'. 55''.

Le 20. hauteur du meſme bord, 71°. 11'. 40''.

Le 21. hauteur du meſme bord, 71°. 11'. 50''.

Le 22. hauteur du meſme bord, 71°. 12'. 25''.

Le 24. hauteur du meſme bord, 71°. 14'. 45''. fort.

Le 25. hauteur du meſme bord, 71°. 16'. 30''.

Le 26. hauteur du meſme bord, 71°. 18'. 45''.

Le 27. hauteur du meſme bord, 71°. 21'. 15''. ou 20''.

Le 29. hauteur du meſme bord, 71°. 27'. 40''.

Le 30. hauteur du meſme bord, 71°. 31'. 30''.

SOLSTICE BOREAL.

Juillet.

Le 1. de ce mois, hauteur méridienne du meſme bord Inferieur & Boréal, 71°. 35'. 50''.

Le 5. hauteur du meſme bord, 71°. 56'. 40''.

Le 6. hauteur du meſme bord, 72°. 3'. 5''.

Le 7. hauteur du mesme bord, 72°. 9'. 45''.
Le 8. hauteur du mesme bord, 72°. 16'. 40''.
Le 10. hauteur du mesme bord, 72°. 31'. 50''.
Le 11. hauteur du mesme bord, 72°. 40'. 0''.
Le 14. hauteur du mesme bord, 73°. 6'. 40''.

Septembre.

Ayant esté obligé de tourner l'Octans du costé du Midy pour faire les observations de Mars, qui estoit pour lors dans les Signes meridionnaux, je ne pus observer la hauteur méridienne du bord du Soleil qu'au mois de Septembre, où je la pris pendant deux jours avant qu'il passast à mon Zenith, & lors qu'il estoit encore du costé du Septentrion, l'Octans estant divisé de telle maniére, qu'entre la pinule & le point de 90°. ou o. sur lesquels bat le filet avec son plomb, lors qu'on regarde au Zenith, il y a deux tiers de degré divisez, de mesme que le reste de l'Instrument : ce qui est d'une tres-grande utilité pour ces sortes d'observations qui se font proche du Zenith , & pour la verification des Instrumens.

Le 8. de ce mois, hauteur méridienne du bord Inferieur & Boreal du Soleil, 89°. 23'. 5''.

Le 9. hauteur du mesme bord, 89°. 45'. 55''.

Le 10. hauteur du mesme bord, que j'appelleray desormais Superieur & Boréal (le Soleil ayant passé du costé du Midy) jusques au premier jour d'Avril 1673. que ce mesme bord deviendra Inferieur & Boréal, 89°. 51'. 10''.

Le Soleil au Zenith. Le 11. hauteur du mesme bord, 89°. 28'. 15''.

Le 12. hauteur du mesme bord, 89°. 5'. 25''.

Le 13. hauteur du mesme bord, 88°. 42'. 20''.

Le 14. hauteur du mesme bord, 88°. 19'. 10''.

Le 18. hauteur du mesme bord, 86°. 45'. 55''.

Le 19. hauteur du mesme bord, 86°. 22'. 30''.

Equinoxe de Libra. Le 20. hauteur du mesme bord, 85°. 59'. 0''.

Le 21. hauteur du mesme bord, 85°. 35'. 25''.

Le 22. hauteur du mesme bord, 85°. 12'. 0''.

Le 24. hauteur du mesme bord, 84°. 25'. 0''.

Le 25. hauteur du mesme bord, 84°. 1'. 25''. ou 30''.

Le 26. hauteur du mesme bord, 83°. 38'. 5''. ou 10''.

Le 27. hauteur du mesme bord, 83°. 14'. 40''.

Le 28. hauteur du mesme bord, 82°. 51'. 20''.

Le 29. hauteur du mesme bord, 82°. 28'. 0''.

Le 30. hauteur du mesme bord, 82°. 4'. 40''. ou 45''.

Octobre.

Octobre.

Le 1. hauteur méridienne du bord Superieur & Boréal, 81°. 41'. 30".
Le 2. hauteur du mesme bord, 81°. 18'. 20".
Le 3. hauteur du mesme bord, 80°. 55'. 10".
Le 4. hauteur du mesme bord, 80°. 32'. 5".
Le 5. hauteur du mesme bord, 80°. 9'. 0".
Le 6. hauteur du mesme bord, 79°. 46'. 0".
Le 7. hauteur du mesme bord, 79°. 23'. 5".
Le 8. hauteur du mesme bord, 79°. 0'. 15".
Le 9. hauteur du mesme bord, 78°. 37'. 20".

Le 20. de ce mois je retournay l'Octans du costé du Septentrion, pour observer les hauteuts méridiennes de plusieurs fixes dont nous parlerons ailleurs, & il y demeura jusques au 25. Novembre, qu'il fut retourné, & mis dans le méridien, du costé du midi, où je ne pus observer aucune hauteur méridienne du bord du Soleil jusques au 6. Décembre suivant.

Décembre.

Le 6. de ce mois, hauteur méridienne du bord Superieur & Boréal, 62°. 39'. 50". ou 55".
Le 8. hauteur du mesme bord, 62°. 27'. 5". ou 15.
Le 9. hauteur du mesme bord, 62°. 21'. 40".
Le 10. hauteur du mesme bord, 62°. 16'. 30". ou 35".
Le 11. hauteur du mesme bord, 62°. 11'. 35".
Le 13. hauteur du mesme bord, 62°. 4'. 10". d.
Le 14. hauteur du mesme bord, 62°. 0'. 40". ou 45".
Le 15. hauteur du mesme bord, 61°. 58'. 10".
Le 16. hauteur du mesme bord, 61°. 56'. 0.
Le 17. hauteur du mesme bord, 61°. 54'. 5".
Le 20. hauteur du mesme bord, 61°. 51'. 30".
Le 21. hauteur du mesme bord, 61°. 51'. 45".
Le 22. hauteur du mesme bord, 61°. 52'. 5".
Le 23. hauteur du mesme bord, 61°. 53'. 10". ou 15".
Le 31. hauteur du mesme bord, 62°. 19'. 5". d.

Cette lettre d. icy & aux autres endroits où elle se trouvera, signifie que l'Observation est douteuse.

SOLSTICE MERIDIONAL.

An. 1673.

Janvier.

Le 3. hauteur méridienne du bord Superieur & Boréal, 62°. 36'. 55".
Le 6. hauteur du mesme bord, 62°. 56'. 30". ou 35".

Le 7. hauteur du mesme bord, 63°. 4′. 45″. ou 50″.
Le 9. hauteur du mesme bord, 63°. 22′. 15″.
Le 10. hauteur du mesme bord, 63°. 31′. 20″.
Le 11. hauteur du mesme bord, 63. 40. 50.
Le 12. hauteur du mesme bord, 63°. 50′. 20″.
Le 15. hauteur du mesme bord, 64°. 23′. 5′.
Le 17. hauteur du mesme bord, 64°. 47′. 25′.
Le 18. hauteur du mesme bord, 65°. 0′. 30″.
Le 19. hauteur du mesme bord, 65°. 10′. 55″. ou 60″.
Le 20. hauteur du mesme bord, 65°. 26′. 15″. ou 20″.
Le 21. hauteur du mesme bord, 65°. 39′. 35″. ou 40″.
Le 23. hauteur du mesme bord, 66°. 7′. 50″. ou 55″.
Le 24. hauteur du mesme bord, 66°. 24′. 40″. d.
Le 25. hauteur du mesme bord, 66°. 37′. 50″. ou 55″.
Le 30. hauteur du mesme bord, 67°. 58′. 30″. ou 35″.

Février.

Le 2. de ce mois la hauteur méridienne du bord Superieur & Boréal du Soleil estoit de 68°. 49′. 40″. d.
Le 7. hauteur du mesme bord, 70°. 21′. 5″.
Le 8. hauteur du mesme bord, 70°. 40′. 20″.
Le 9. hauteur du mesme bord, 70°. 59′. 5″.
Le 11. hauteur du mesme bord, 71°. 39′. 35″.
Le 14. hauteur du mesme bord, 72°. 41′. 10″.
Le 16. hauteur du mesme bord, 73°. 22′. 0″.
Le 18. hauteur du mesme bord, 74°. 4′. 5″. ou 10″.
Le 20. hauteur du mesme bord, 74°. 47′. 35″.
Le 22. hauteur du mesme bord, 75°. 30′. 20″. ou 25″.
Le 23. hauteur du mesme bord, 75°. 52′. 55″.
Le 24. hauteur du mesme bord, 76°. 15′. 25″.
Le 28. hauteur du mesme bord, 77°. 45′. 35″. ou 40″.

Mars.

Le 6. de ce mois la hauteur méridienne du bord Superieur & Boréal du Soleil estoit de 80°. 3′. 40″.
Le 7. hauteur du mesme bord, 80°. 26′. 30″. ou 35″.
Le 14. hauteur du mesme bord, 83°. 11′. 55″. d.
Le 15. hauteur du mesme bord, 83°. 36′. 5″.
Le 16. hauteur du mesme bord, 83°. 59′. 40″.
Le 17. hauteur du mesme bord, 84°. 23′. 10″. ou 15″.
Le 18. hauteur du mesme bord, 84°. 46′. 40″.
Equinoxe
d'Aries. Le 19. hauteur du mesme bord, 85°. 10′. 15″. ou 20″.

Le 20. hauteur du mefme bord, 85°. 33'. 55''.
Le 21. hauteur du mefme bord, 85°. 57'. 35''. ou 40''.
Le 23. hauteur du mefme bord, 86°. 45'. 5''.
Le 25. hauteur du mefme bord, 87°. 32'. 15''.
Le 26. hauteur du mefme bord, 87°. 55'. 55''.
Le 27. hauteur du mefme bord, 88°. 19'. 10'.
Le 28. hauteur du mefme bord, 88°. 42'. 30''.
Le 29. hauteur du mefme bord, 89. 5. 45.
Le 30. hauteur du mefme bord, 89°. 29'. 0''.
Le 31. hauteur du mefme bord, 89°. 52'. 10''. ou 15''.

Avril.

Le 1. de ce mois, le Soleil ayant paffé à mon Zenith du cofté Le Soleil du Septentrion, j'obfervay la hauteur méridienne de fon mefme au Zenith. bord que cy-deffus, lequel j'appelleray Boréal comme auparavant, mais Inferieur au lieu de Superieur, dautant qu'il eftoit le plus prés de l'horifon du cofté du Septentrion, par rapport auquel cette obfervation & les fuivantes ont efté faites.
Ce mefme jour la hauteur méridienne de ce mefme bord Infe-
rieur & Boréal eftoit de 89. 44'. 45''. ou 50'.
Le 2. hauteur du mefme bord, 89°. 21'. 40''.
Le 30. hauteur du mefme bord, 79°. 37'. 20''.

May.

Le 7. de ce mois la hauteur méridienne du bord Inferieur & Bo-
réal du Soleil eftoit de 77°. 36'. 20''.
Le 8. la hauteur méridienne du bord Superieur & Auftral eftoit
de 77. 52'. 20''.
Le 14. la hauteur du bord Inferieur & Boréal eftoit de 75°. 49'. 20''.
Le 15. hauteur du mefme bord, 75°. 35'. 20''.
Le 16. hauteur du mefme bord, 75. 21. 30.
Le 17. hauteur du mefme bord, 75°. 8'. 15''.
Le 19. hauteur du mefme bord, 74°. 42'. 50''. ou 55''.
Le 25. hauteur du mefme bord, 73°. 33'. 25''.

Je demeuray jufques à ce jour en Caïenne, les incommoditez
de ce climat m'ayant obligé de repaffer en France.

CHAPITRE IV.

OBSERVATIONS DE MERCURE
An. 1672.

Septembre.

CE n'a pas esté un de mes moindres soins estant en l'Isle de Caïenne que d'observer Mercure, dont les mouvemens ne sont pas tout-à-fait bien connus, ne pouvant estre veu que rarement, & fort prés de l'horison en Europe.

J'ay observé seulement trois fois cette Planette , les nuages & les vapeurs, & en d'autres temps les pluyes, ne m'ayant pas permis, à mon grand regret, de le pouvoir faire davantage.

J'accompagneray ces Observations de toutes les circonstances qu'il m'a esté possible de marquer en les faisant, afin qu'on puisse mieux déterminer le lieu de cette Planette dans le temps qu'elles ont esté faites.

L'Octans estant placé dans le méridien de la maniére que nous dirons au Chapitre 9. dans les Observations du 11. Septembre 1671. sçavoir, qu'il estoit dans un vertical, éloigné du vray méridien de 39″. de temps à la hauteur de 53°. 44′. 45″. Le bord Occidental du Soleil passa le 12. Septembre 1672. dans ce vertical, fort proche du méridien, comme nous venons de dire, l'horloge marquant 11ʰ. 58′. 28″. & le bord Oriental à 12ʰ. 0′. 36″. partant le centre passa dans ce vertical, l'horloge marquant 11ʰ. 59′. 32″. & la hauteur méridienne de son bord Superieur & Boréal estoit ce mesme jour, estant observée avec l'Octans, de 89°. 28′. 15″.

Le 12. au soir Mercure paroissant du costé d'Occident, j'observay dans la commune section des deux filets de la pinule du quart de cercle qui se coupent à angles droits, desquels l'un est vertical, & l'autre horisontal, la hauteur de cette Planette sur l'horison, laquelle je trouvay de 15°. 56′. 30″. l'horloge marquant 6ʰ. 23′. 15″.

Le quart de cercle estant demeuré dans ce vertical sans estre remué, l'épy de la Vierge y passa ensuite dans la mesme commune section des deux filets susdits, auquel temps cette fixe estoit haute sur l'horison de 7°. 20′. 0″.

Afin que l'on puisse connoistre quel rapport les révolutions journaliéres de l'horloge avoient avec celles du Soleil & des fixes, j'ay fait les Observations suivantes.

Le

Le 12. Septembre 1672. au foir, une fixe marquée par Baïerus E, & dans la main droite d'Aquarius, paffa au méridien, l'horloge marquant 9ʰ. 2ʹ. 40ʺ. Le lendemain 13. au foir la mefme fixe paffa au méridien, l'horloge marquant 8ʰ. 58ʹ. 37ʺ.

Le 14. de ce mois l'Octans eftant pofé de la mefme maniére que dans la premiére Obfervation cy-deffus, le bord Occidental du Soleil toucha le vertical dans lequel eftoit l'Octans fort prés du méridien, l'horloge marquant 11ʰ. 57ʹ. 18ʺ. & le bord Oriental à 11ʰ. 59ʹ. 26ʺ. partant le centre du Soleil paffa au méridien, l'horloge marquant 11ʰ. 58ʹ. 22ʺ. & la hauteur méridienne de fon bord fuperieur & boréal eftoit de 72°. 41ʹ. 10ʺ. obfervée avec l'Octans.

Le 14. au foir l'Efpy de la Vierge paffa dans le vertical où eftoit le quart de cercle, juftement dans l'interfection des filets vertical & horifontal de la pinule, & fa hauteur fur l'horifon eftoit de 10°. 32ʹ. 0ʺ. l'horloge marquant dans cét inftant 6ʰ. 46ʹ. 33ʺ. Mercure paffa enfuite dans ce mefme vertical, par le mefme endroit que l'Efpy de la Vierge, eftant haut fur l'horifon de 9°. 37ʹ. 10ʺ. & l'horloge marquant 6ʰ. 47ʹ. 35ʹ. d.

Le paffage des bords du Soleil par le filet vertical de la pinule de l'Octans, laquelle eftoit fort proche du méridien, comme nous avons dit cy-deffus, fera connoiftre l'heure à laquelle cette obfervation a efté faite, & quelle correction il y aura à faire au mouvement de l'horloge.

An. 1673.

Le 25. jour de Février l'Octans eftant pofé dans le méridien, le bord Occidental du Soleil toucha le filet vertical de la pinule, l'horloge marquant 11ʰ. 37ʹ. 44ʺ. & le bord Oriental à 11ʰ. 39ʹ. 56ʺ. & le mefme jour au matin l'horloge marquant 5ʰ. 30ʹ. 12ʺ. j'obfervay la hauteur de Mercure fur l'horifon du cofté du Levant, laquelle je trouvay de 20°. 19ʹ. 0ʺ. avec le quart de cercle, qui demeura fixé dans ce vertical jufques au 28. au foir, que l'Efpy de la Vierge y paffa, l'horloge, dont le mouvement n'avoit point efté interrompu, marquant 11ʰ. 13ʹ. 6ʺ. la hauteur méridienne de cette eftoile eftant de 50°. 33ʹ. 40ʺ.

Le 28. Février, le bord Occidental du Soleil paffa dans le filet vertical de l'Octans, pofé dans le méridien, de la maniére que nous avons dite dans les Obfervations du 16. Septembre 1672. l'horloge, dont le mouvement n'avoit point efté interrompu, mar-

D

quant 11ʰ. 35ʹ. 40ʺ. & le bord Oriental à 11ʰ. 37ʹ. 51ʺ. partant le centre paſſa par ce meſme vertical, l'horloge marquant 11ʰ. 36ʹ. 45ʺ. 30ʹʹʹ. Le meſme jour la hauteur méridienne du bord ſuperieur & boréal du Soleil, obſervée avec l'Octans, eſtoit de 77°. 45ʹ. 35ʺ. ou 40ʺ.

CHAPITRE V.

OBSERVATIONS DE VENUS

An. 1673.

May.

ESTANT convenu avec Meſſieurs de l'Académie Royale des Sciences, d'obſerver les hauteurs méridiennes de Venus & de quelques Fixes les plus proches du parallelle de cette Planette, lors qu'elle ſeroit vers ſon perigée, & qu'eux en meſme temps feroient la meſme choſe, pour découvrir par la comparaiſon de leurs Obſervations avec les miennes, ſi la parallaxe de cette Planette eſtoit ſenſible.

L'Octans eſtant placé dans le méridien, de la maniére expliquée au Chapitre 9. je fis les Obſervations ſuivantes.

Le 15. de ce mois, le bord Occidental du Soleil paſſa au méridien, l'horloge marquant 11ʰ. 46ʹ. 20ʺ. & le bord Oriental à 11ʰ. 48ʹ. 41ʺ. La hauteur méridienne de ſon bord inferieur & boréal obſervée avec l'Octans, eſtoit ce meſme jour de 75°. 35ʹ. 20ʺ.

Le 15. aprés midy, le bord Occidental de Venus paſſa au méridien, l'horloge marquant 2ʰ. 51ʹ. 9ʺ. Et en ce meſme temps la hauteur méridienne de ſon bord inferieur & boréal eſtoit de 68°. 13ʹ. 50ʺ. ou 55ʺ. obſervée avec l'Octans.

Le 15. au ſoir, la fixe dans la conſtellation d'Arcturus, appellée *in dextrâ tibiâ*, par Baïérus, paſſant au méridien, & obſervée avec l'Octans, eſtoit haute de 67°. 0ʹ. 45ʺ. ou 50ʺ.

Le 16. au matin, le mouvement de l'horloge à pendule dont je me ſervois, fut interrompu.

Le 16. aprés midy, le bord Occidental de Venus paſſa au méridien, l'horloge marquant 2ʰ. 41ʹ. 45ʺ. & en ce meſme temps la hauteur méridienne de ſon bord inferieur & boréal eſtoit de 68°. 18ʹ. 40ʺ. obſervée avec l'Octans.

Le meſme jour au ſoir, la fixe de la conſtellation d'Arcturus cy-deſſus obſervée, paſſant au méridien, eſtoit haute de 67°. 0ʹ. 50ʺ.

Le 17. le bord Occidental du Soleil paſſa au méridien, l'horloge marquant 11ʰ. 37′. 39″. & le bord Oriental à 11ʰ. 39′. 54″. ſon bord inferieur & boréal eſtoit en ce meſme temps haut de 75°. 8′. 15″. obſervé avec l'Octans.

Le 17. aprés midy, le bord Occidental de Venus paſſa au méridien, l'horloge marquant 2ʰ. 40′. 21″. & en ce meſme temps ſon bord inferieur & boréal eſtoit haut de 68°. 23′. 50″. obſervé avec lOctans.

Le 18. le bord inferieur & boréal de Venus obſervé avec l'Octans dans ſon paſſage au méridien, eſtoit haut de 68°. 29′. 20″. ou 25″.

Le 19. le bord Occidental du Soleil paſſa au méridien, l'horloge marquant 11ʰ. 36′. 49″. & le bord Oriental à 11ʰ. 39′. 4″. Son bord inferieur & boréal eſtoit en ce meſme temps haut de 74°. 42′. 50″. ou 55″. obſervé avec l'Octans.

Le 19. aprés midi, le bord Occidental de Venus paſſa au méridien, l'horloge marquant 2ʰ. 37′. 8″. & ſon bord inferieur & boréal obſervé avec l'Octans, eſtoit en ce meſme temps haut de 68°. 35′. 45″.

CHAPITRE VI.

OBSERVATIONS DE LA LUNE

An. 1672.

May.

LE 19. au matin voyant que Mars eſtoit fort proche de la Lune, & que dans peu elle le cacheroit, je mis l'horloge à pendule en mouvement, lequel dans l'inſtant de l'immerſion de cette planette derriére la Lune, marquoit 2ʰ. 41′. 0″. & la hauteur de Mars ſur l'horiſon eſtoit de 42°. 25′. 30″. & le filet horiſontal de la pinule coupant le corps de Mars, paſſoit en meſme temps environ par le milieu de la tache de la Lune, appellée *Mare Criſium*.

J'obſervay enſuite la hauteur du bord inferieur de la Lune ſur l'horiſon, laquelle je trouvay de 44°. 7′. 50″. l'horloge marquant 2ʰ. 49′. 40″. & pour ſçavoir au juſte le temps auquel eſtoit arrivée cette immerſion, j'obſervay avec le quart de cercle deux hauteurs ſur l'horiſon de la fixe appellée la queuë du Cygne, dont la premiére eſtoit de 48°, 14′. 0″. l'horloge marquant 3ʰ. 19′. 4″. & la ſecon-

de de 48°. 25'. 20''. l'horloge marquant 3ʰ. 21'. 45''. Et l'émerſion
de Mars de derriére la Lune, veûë avec une lunette de cinq pieds
& demi de long, arriva, l'horloge marquant 4ʰ. 20'. 0''.

Cependant, j'avertiray que le corps de Mars touchant la Lune
dans le temps de l'immerſion, de telle maniére qu'avec la Lunette
de cinq pieds & demi de long, on ne voyoit aucun eſpace ſenſible entre ces deux Planettes, il arriva un nuage qui pourroit faire
douter que l'immerſion totale ne fuſt arrivée 15. ou 20. ſecondes
de temps plus tard que ce que j'ay marqué cy-deſſus.

Aouſt.

Le 1. au ſoir, le bord ſuperieur & boréal de la Lune dans le
méridien, & obſervé avec l'Octans, eſtoit haut de 60°. 53'. 10''.

Le 3. au ſoir, le bord ſuperieur & boréal de la Lune paſſant au
méridien, obſervé avec l'Octans, eſtoit haut de 56°. 40'. 50''.

Le 5. au ſoir, le bord ſuperieur & boréal de la Lune obſervé
avec l'Octans, eſtoit haut dans le méridien de 58°. 1'. 20''.

Le 6. au ſoir, le bord ſuperieur & boréal de la Lune paſſant
au méridien, & obſervé avec l'Octans, eſtoit haut de 60°. 46'. 40''.

Le 9. au matin, le bord ſuperieur & boréal de la Lune paſſant
au méridien, & obſervé avec l'Octans, eſtoit haut de 69°. 44'. 0''.

Le 10. au matin, le bord ſuperieur & boréal de la Lune paſſant au méridien, & obſervé avec l'Octans, eſtoit haut de 75°.
29'. 45''.

Le 29. au ſoir, le bord ſuperieur & boréal de la Lune obſervé
avec l'Octans, dans ſon paſſage au méridien, eſtoit haut de 59°.
1'. 30''.

Le 31. au ſoir, le bord ſuperieur & boréal de la Lune paſſant
au méridien, & obſervé avec l'Octans, eſtoit haut de 56°. 26'. 10''.

Septembre.

Le 25. de ce mois, le bord Occidental du Soleil paſſa au méridien,
l'horloge marquant 11ʰ. 50'. 44''. & le bord Oriental à 11ʰ. 52'. 52''.

Le meſme jour au ſoir, l'horloge marquant 6ʰ. 38'. 54''. la Lune
couvrit une fixe marquée par Baïérus ♏ dans la conſtellation du
Scorpion, & la meſme fixe parut ſortir de derriére la Lune, l'horloge marquant 7ʰ. 33'. 0'. je vis l'inſtant de cette immerſion & celuy
de l'émerſion avec une lunette de cinq pieds & demi de longueur.

Octobre.

Le 1. au ſoir, le bord ſuperieur & boréal de la Lune paſſant au
méridien, & obſervé avec l'Octans, eſtoit haut de 65°. 32'. 10''.

Le

Le 2. au foir, le bord fuperieur & boréal de la Lune paffant au méridien, obfervé avec l'Octans, eftoit haut de 70°. 38'. 50".

Le 5. au foir, le bord fuperieur & boréal de la Lune, paffant au méridien & obfervé avec l'Octans, eftoit haut de 89°. 46'. 5".

Le 28. au foir, le bord fuperieur & boréal de la Lune paffant au méridien, & obfervé avec l'Octans, eftoit haut de 63°. 50'. 30".

Le 29. au foir, le bord fuperieur & boréal de la Lune, obfervé avec l'Octans dans fon paffage au méridien, eftoit haut de 68. 27'. 20".

Le 30. au foir, le bord inferieur & auftral de la Lune paffant au méridien, & obfervé avec le quart de cercle, eftoit haut de 73°. 22'. 40".

Le 31. au foir, le bord inferieur & auftral de la Lune paffant au méridien, & obfervé avec le quart de cercle, eftoit haut de 79°. 27'. 50".

Novembre.

Le 2. au foir, le bord fuperieur & auftral de la Lune paffant au méridien, & obfervé avec le quart de cercle, eftoit haut de 87°. 19'. 50".

Le 26. au foir, le bord fuperieur & boréal de la Lune paffant au méridien, & obfervé avec l'Octans, eftoit haut de 71°. 18'. 30".

Le 29. au foir, le bord fuperieur & boréal de la Lune paffant au méridien, & obfervé avec l'Octans, eftoit haut de 89°. 34'. 15'.

An. 1673.

Le 30. Mars, le bord fuperieur & boréal de la Lune paffant au méridien, & obfervé avec l'Octans, eftoit haut de 86°. 0'. 0".

Le 2. Avril, le bord fuperieur & boréal de la Lune paffant au méridien, & obfervé avec l'Octans, eftoit haut de 72°. 52'. 20".

ECLIPSE DE LUNE

obfervée en Caïenne le 7. Septembre au matin en 1672.

Les Eclipfes de Lune eftant un des moyens les plus certains dont on fe puiffe fervir pour connoiftre la difference de longitude entre tous les endroits de la terre, j'ay tafché de ne rien obmettre de toutes les circonftances qu'il m'a efté poffible de marquer pour m'affeûrer du moment de temps auquel celle-cy arriveroit, pour pouvoir donner aux Aftronomes qui l'auront obfervée, & parti-

E

culiérement à Meſſieurs de l'Academie Royale des Sciences, la ſa-
tisfaction de connoiſtre la difference de temps qu'il y a entre l'Obſervatoire de Paris & le lieu où j'obſervois à Caïenne.

L'Octans eſtant poſé dans le méridien de la maniére expliquée
au Chapitre 9. où il eſt parlé du paſſage des fixes & des Planettes
au méridien, je fis les Obſervations ſuivantes, deſquelles une
grande partie ſervira pour connoiſtre le moment de temps auquel
l'Eclipſe arriva, & que les taches de la Lune entrerent & ſortirent
de l'ombre de la terre; & les autres ſerviront pour la réctification
de l'horloge dont je me ſervois, qui ne marquoit pas au juſte
l'heure qu'il eſtoit au temps des Obſervations; du mouvement de
laquelle les révolutions, quoy-qu'uniformes entre elles, n'eſtoient
conformes ni à celles du Soleil, ni à celles des fixes, comme on
verra cy-aprés.

Le 6. Septembre à midy, le bord Occidental du Soleil paſſa au
méridien, l'horloge marquant 10ʰ. 36′. 22″. & le bord Oriental
à 10ʰ. 38′. 31″. partant le centre du Soleil paſſa au méridien l'horloge marquant 10ʰ. 37′. 27″. & la hauteur méridienne de ſon
bord inferieur & boréal eſtoit, avec le quart de cercle, de 89°. 1′. 0″.
un peu douteuſe.

Le 7. Septembre, environ à une heure du matin, la fixe *phomahan* paſſa au méridien, l'horloge marquant 10ʰ. 9′. 19″.

Le bord Occidental de la tache de la Lune appellée *Mare Criſium*, paſſa enſuite au méridien, l'horloge marquant 10ʰ. 32′. 13″.
& le bord Occidental de la tache appellée Grimaldi, l'horloge
marquant 10ʰ. 34′. 8″.

Le bord ſuperieur & boréal de la Lune obſervé avec l'Octans,
eſtoit en ce temps, paſſant au méridien, haut de 79°. 21′. 50″.

Enſuite de ces Obſervations, l'horloge eſtant toûjours demeurée
en mouvement ſans interruption, le bord de la Lune entra dans
la vraye ombre de la terre, l'horloge marquant 12ʰ. 24′. 30″.

Le bord de la tache de la Lune appellée Tycho, entra dans la
vraye ombre, l'horloge marquant 12ʰ. 24′. 21″. & l'autre bord de
cette meſme tache ſortit de cette ombre, l'horloge marquant 1ʰ.
48′. 26″.

Le bord de la Lune ſortit de la vraye ombre, l'horloge marquant
2ʰ. 10′. 30″. & de la penombre, l'horloge marquant 2ʰ. 19′. 0″.

Le 8. Septembre au matin, le mouvement de l'horloge n'ayant
point eſté interrompu, la fixe *phomahan* paſſa au méridien, l'horloge marquant 10ʰ. 5′. 7″.

Le 10. Septembre au matin, la meſme étoile paſſa au méridien,
l'horloge marquant 9ʰ. 56′. 44″.

CHAPITRE VII.

OBSERVATIONS DE MARS.

HAUTEURS MÉRIDIENNES
obſervées avec l'Octans.

An. 1672.

Juillet.

L A premiére de ces hauteurs méridiennes obſervées en Caïenne, fut le 28. Juillet, auquel jour je trouvay le bord ſuperieur & boréal de cette Planete haut de 76°. 47′. 50″.
Le 29. hauteur du meſme bord, 76°. 48′. 45″.
Le 30. hauteur du meſme bord, 76°. 49′. 50″.
Le 31. hauteur du meſme bord, 76°. 50′. 10″.

Aouſt.

Le 1. hauteur du meſme bord, 76°. 50′. 35″.
Le 2. hauteur du meſme bord, 76°. 50′. 0″.
Le 3. hauteur du meſme bord, 76°. 49. 20. d.
Le 4. hauteur du meſme bord, 76°. 48′. 35″.
Le 5. hauteur du meſme bord, 76°. 48′. 10″. d.
Le 9. hauteur du meſme bord, 76°. 42′. 5.
Le 10. hauteur du meſme bord, 76°. 39′. 55″.
Le 11. hauteur du meſme bord, 76′. 37′. 50″.
Le 13. hauteur du meſme bord, 76°. 32′. 10″.
Le 14. hauteur du meſme bord, 76°. 28′. 50″.
Le 15. hauteur du meſme bord, 76°. 25′. 15″.
Le 16. hauteur du meſme bord, 76°. 22′. 10″.
Le 18. hauteur du meſme bord, 76°. 44′. 20″.
Le 20. hauteur du meſme bord, 76. 6. 15.
Le 21. hauteur du meſme bord, 76°. 1′. 55″.
Le 22. hauteur du meſme bord, 75°. 57′. 20″.
Le 23. hauteur du meſme bord, 75°. 52′. 45″.
Le 24. hauteur du meſme bord, 75°. 48′. 5″.
Le 25. hauteur du meſme bord, 75°. 43′. 10″.
Le 26. hauteur du meſme bord, 75°. 38′. 5″.
Le 29. hauteur du meſme bord, 75°. 18′. 10″.
Le 30. hauteur du meſme bord, 75. 13. 10.

Septembre.

Le 1. hauteur du mesme bord, 75°. 3'. 10''.
Le 3. hauteur du mesme bord, 74°. 53'. 30''.
Le 4. hauteur du mesme bord, 74°. 48'. 45''.
Le 5. hauteur du mesme bord, 74°. 44'. 10''.
Le 6. hauteur du mesme bord, 74°. 39'. 55''.
Le 8. hauteur du mesme bord, 74°. 31'. 35'.
Le 9. hauteur du mesme bord, 74°. 28'. 0''.
Le 10. hauteur du mesme bord, 74°. 23'. 55''.
Le 11. hauteur du mesme bord, 74°. 20'. 15''.
Le 12. hauteur du mesme bord, 74°. 16'. 45''.
Le 13. hauteur du mesme bord, 74°. 14'. 0''.
Le 17. hauteur du mesme bord, 74°. 4'. 0''.
Le 18. hauteur du mesme bord, 74°. 2'. 10''.
Le 19. hauteur du mesme bord, 74. 0'. 20'',
Le 20. hauteur du mesme bord, 73. 59'. 0''.
Le 21. hauteur du mesme bord, 73°. 58'. 15''.
Le 23. hauteur du mesme bord, 73°. 57'. 15''.
Le 24. hauteur du mesme bord, 73°. 57'. 0''.
Le 26. hauteur du mesme bord, 73°. 58'. 45''.
Le 27. hauteur du mesme bord, 74. 0'. 30''.
Le 28. hauteur du mesme bord, 74°. 2'. 0''.

Octobre.

Le 1. hauteur du mesme bord, 74°. 7'. 5''.
Le 2. hauteur du mesme bord, 74°. 9'. 55''.
Le 4. hauteur du mesme bord, 74°. 15'. 55''.
Le 5. hauteur du mesme bord, 74°. 19'. 40''.
Le 6. hauteur du mesme bord, 74°. 23'. 35''.
Le 7. hauteur du mesme bord, 74°. 27'. 40''.
Le 9. hauteur du mesme bord, 74°. 35'. 55''.
Toutes les Observations des hauteurs de Mars ob-servées de-puis le 15. ont esté faites avec le quart de cercle. Le 15. hauteur du mesme bord, 75°. 10'. 15''.
Le 17. hauteur du mesme bord, 75°. 24'. 50''.
Le 18. hauteur du mesme bord, 75°. 31'. 55''.
Le 19. hauteur du mesme bord, 75°. 39'. 10''.
Le 20. hauteur du mesme bord, 75°. 46'. 35''.
Le 21. hauteur du mesme bord, 75°. 54'. 5''.
Le 22. hauteur du mesme bord, 76°. 1'. 45''.
Le 23. hauteur du mesme bord, 76°. 9'. 30''.
Le 28. hauteur du mesme bord, 76°. 53'. 0''.
Le 29. hauteur du mesme bord, 77°. 2'. 0''.

Le 30.

Le 30. hauteur du mefme bord, 77°. 11'. 20''.
Le 31. hauteur du mefme bord, 77°. 21'. 20''.

Novembre.

Le 1. hauteur du mefme bord, 77°. 32'. 0''.
Le 2. hauteur du mefme bord, 77°. 43'. 0''.
Le 3. hauteur du mefme bord, 77°. 54'. 40''.
Le 4. hauteur du mefme bord, 78°. 6'. 50''.
Le 9. hauteur du mefme bord, 79°. 10'. 50''.
Le 14. hauteur du mefme bord, 79°. 56'. 20''.
Le 17. hauteur du mefme bord, 80°. 33'. 40''.
Le 18. hauteur du mefme bord, 80°. 44'. 30''.
Le 21. hauteur du mefme bord, 81°. 22'. 30''.
Le 25. hauteur du mefme bord, 82°. 14'. 45''.
Le 29. hauteur du mefme bord, 83°. 3'. 25''.

CHAPITRE VIII.
HAUTEURS MERIDIENNES
de plufieurs Fixes obfervées en l'Ifle de Caïenne
en 1672. & 1673.

Fixes dont la Déclinaifon eft Septentrionale.

QUOY-QU'IL foit tres-difficile d'obferver les hauteurs méridiennes de l'Étoile polaire en ce lieu où elle eft fi baffe,
que les vapeurs de la mer au deffus de laquelle on la voit, ne per-
mettent pas qu'elle y foit veûë que tres-rarement, particuliérement
dans fa plus baffe hauteur: j'ay néanmoins efté affez heureux de
faire les trois obfervations fuivantes, fans en avoir pû faire davantage, quelque foin que j'y aye apporté. Elles pourront beaucoup aider à déterminer les réfractions qui fe font dans l'air, à la
plus grande & à la plus petite hauteur de cette Etoile fur l'Horifon.

Le 24. Juillet 1672. j'obfervay la plus grande hauteur de cette
Etoile de 7°. 31'. 10''. qu'il faut corriger, & la réduire à 7°. 30'.
10''. à caufe que le quart de cercle de trois pieds de rayon avec
lequel j'obfervois, faifoit paroiftre d'une minute plus haut fur
l'Horifon, les objets dont on prenoit la hauteur, comme je l'ay
dit ailleurs.

F

Le 26. du mesme mois, aprés avoir fait la correction susdite, la mesme hauteur estoit de 7°. 30'. 10".

Le 14. May 1672. j'observay la plus basse hauteur de cette mesme Etoile, que je trouvay, en ostant une minute de sa hauteur observée, pour le sujet que je viens de dire, de 2°. 43'. 50".

Le 21. & 23. Novembre 1672. j'observay avec l'Octans la hauteur méridienne de la Fixe de Cassiopée, appellée par Baïérus, *supra nasum*, que je trouvay de 42°. 51'. 30".

Le 9. Juin 1672. & les jours suivans, j'observay avec l'Octans la hauteur méridienne d'Arcturus, que je trouvay de 74°. 2'. 10". ou 15". du costé du Septentrion.

Le 10. hauteur de la mesme, 74°. 2'. 10".
Le 12. hauteur de la mesme, 74°. 2'. 10".
Le 15. hauteur de la mesme, 74°. 2'. 10".
Le 17. hauteur de la mesme, 74°. 2'. 10".
Le 18. hauteur de la mesme, 74°. 2'. 10".
Le 21. hauteur de la mesme, 74°. 2'. 10".
Le 22. hauteur de la mesme, 74°. 2'. 10".

Le 29. Juin 1672. & les jours suivans, j'observay avec l'Octans la hauteur méridienne Septentrionale d'une Etoile du pied de Pegaze, appellée par Baïérus, *in dextra suffragine*, & marquée κ dans la figure de cette constellation, & je trouvay cette hauteur de 71°. 10'. 55.

Le 2. Juillet 1672. & les jours suivans, hauteur de la mesme, 71°. 10'. 55".

Le 2. hauteur de la mesme, 71°. 10'. 55".
Le 4. hauteur de la mesme, 71°. 10'. 55".
Le 7. hauteur de la mesme, 71°. 10'. 55".
Le 12. hauteur de la mesme, 71°. 10'. 55".

Le 21. Juillet 1672. & les jours suivans, j'observay avec l'Octans, la hauteur méridienne de la luisante de la teste du Dragon que je trouvay vers le Septentrion de 43°. 24'. 20".
Le 22. hauteur de la mesme, 43°. 24'. 20".
Le 23. hauteur de la mesme, 43°. 24'. 20".

Le 21. 22. & 23. Novembre 1672. j'observay avec l'Octans la hauteur méridienne Septentrionale de *Capella*, que je trouvay de 49°. 21'. 15".

Le 21. 22. & 23. de Novembre 1672. j'observay la hauteur méridienne du pied gauche de *Capella*, que je trouvay du costé du Septentrion de 66°. 40'. 5".

Le 29. Avril 1673. j'observay avec l'Octans la hauteur méridienne Septentrionale du cœur du Lion, laquelle je trouvay avec l'Octans de 81°. 24'. 55".

Le 30. du mesme mois, la hauteur de la mesme Fixe obſervée avec le mesme inſtrument, lors qu'elle eſtoit dans le Méridien, eſtoit de 81°. 24'. 50".

Le 1. jour de May 1673. & les jours ſuivans, la hauteur méri-dienne de la mesme Fixe obſervée avec le mesme inſtrument eſtoit de 81°. 24'. 50".

Le 3. hauteur de la mesme, 81°. 24'. 50".

Le 6. hauteur de la mesme, 81°. 24'. 50".

Le 21. Avril 1673. au ſoir, j'obſervay avec l'Octans la hauteur méridiònale Septentriònale de la Fixe marquée γ dans la conſtella-tion de la Vierge, par Baïérus, laquelle je trouvay de 85°. 25'. 0".

Le mesme jour 21. Avril 1673. au ſoir, j'obſervay avec l'Octans la hauteur méridienne Septentrionale de la Fixe marquée η par Baïérus, dans la conſtellation de la Vierge, laquelle je trouvay de 86°. 13'. 5".

Le 11. Octobre 1672. & les jours ſuivans, j'obſervay avec l'O-ctans la hauteur méridienne Septentrionale de la luiſante de l'Ai-gle, laquelle je trouvay de 86°. 54'. 5".

Le 12. hauteur de la mesme, 86°. 54'. 10".

Le 13. hauteur de la meſine, 86°. 54'. 10".

Le 14. hauteur de la mesme, 86°. 54'. 10".

Le 15. hauteur de la mesme, 86. 54. 10.

Le 21. & 23. Novembre 1672. j'obſervay la hauteur méridienne Septentrionale de *Canis Minor*, laquelle je trouvay avec l'Octans de 88°. 54'. 40". ou 45".

Le 9. Septembre 1672. & les jours ſuivans, j'obſervay avec l'O-ctans la hauteur méridienne boréale de la Fixe appellée par Baïé-rus, *in collo Aquilæ*, que je trouvay de 89°. 19'. 20".

Le 10. hauteur de la mesme, 89°. 19'. 0".

Le 12. hauteur de la mesme, 89°. 19'. 0".

Le 13. hauteur de la mesme, 89°. 19'. 0".

Le 10. Octobre 1672. hauteur de la mesme avec le mesme inſtrument, 89°. 18'. 55".

Le 11. hauteur de la mesme avec le mesme inſtrument, 89°. 18'. 40".

Le 12. hauteur de la mesme, 89°. 18'. 40".

Le 13. hauteur de la mesme, 89°. 18'. 40".

Le 15. hauteur de la mesme, 89°. 18'. 40".

Le 16. hauteur de la mesme, 89°. 18'. 40".

Le 17. hauteur de la mesme, 89°. 18'. 40".

Les obſervations de cette Fixe faites depuis le 9. Septembre 1672. juſques à l'11. Octobre de la mesme année, ſont differentes des fuivantes d'environ 20''. de laquelle difference nous avons dit la caufe au Chap. 2. où il eft parlé des inftrumens dont nous nous fommes fervis pour faire nos obfervations.

Le 22. & 23. Novembre 1671. j'obfervay la hauteur méridienne boréale de la fixe de la Rondache d'Orion, laquelle je trouvay avec l'Octans de 89°. 55'. 55''. & de 89°. 56'. 0''.

Le 19. Septembre 1672. & les jours fuivans, j'obfervay avec l'Octans la hauteur méridienne auftrale de la Fixe marquée θ par Baïérus dans la conftellation de Pegaze, & appellée, *in capite duarum propinquarum borealior*, laquelle je trouvay de 89°. 40'. 15''.

Le 20. hauteur de la mefme, 89°. 40'. 10''. ou 15''.

Le 21. hauteur de la mefme, 89°. 40'. 10''.

Le 24. hauteur de la mefme, 89°. 40'. 10''.

Fixes dont la Déclinaifon eft Méridionale.

Le 19. Septembre 1672. & les jours fuivans, j'obfervay avec l'Octans la hauteur méridienne & auftrale de la Fixe du baudrier d'Orion, marquée par Baïérus δ, & nommée, *in baltheo trium fulgentium præcedens*, laquelle je trouvay de 84°. 28'. 45''.

Le 20. hauteur de la mefme, 84°. 28'. 45''.

Le 21. hauteur de la mefme, 84°. 28'. 50''.

Le 22. hauteur de la mefme, 84°. 28'. 50''.

Le 23. hauteur de la mefme, 84°. 28'. 50''.

Le 25. hauteur de la mefme, 84°. 28'. 50''.

Le 21. Septembre 1672. & les jours fuivans, j'obfervay avec l'Octans la hauteur méridienne & auftrale de la Fixe d'Orion, marquée dans Baïérus ε, laquelle eft au milieu du baudrier, & je la trouvay de 83°. 36'. 50''.

Le 20. hauteur de la mefme, 83°. 36'. 45''.

Le 21. hauteur de la mefme, 83°. 36'. 45''. ou 50''.

Le 22. hauteur de la mefme, 83°. 36'. 50''.

Le 23. hauteur de la mefme, 83°. 36'. 50''.

Le 25. hauteur de la mefme, 83°. 36'. 50''.

Le 26. hauteur de la mefme, 83°. 36'. 50''.

Le 20. Septembre 1672. & les jours fuivans, j'obfervay avec l'Octans la hauteur méridienne & auftrale de la Fixe d'Aquarius, marquée par Baïérus η, & nommée *auftralior earum*, laquelle hauteur je trouvay de 83°. 16'. 30''.

Le 21. hauteur de la mefme, 83°. 16'. 30''.

Le 24. hauteur de la mefme, 83°. 16'. 30''.

Le 25. hauteur de la mefme, 83°. 16'. 35''.

Le 15. Septembre 1672. j'obfervay avec l'Octans la hauteur méridienne

ridienne & auftrale d'une Fixe dans Aquarius, marquée par Baïérus α, & nommée, *Lucidior duarum in humero finiftro,* laquelle hauteur je trouvay de 83°. 10'. 10". d.

Le 19. Septembre 1672. & les jours fuivans, j'obfervay avec l'Octans la hauteur méridienne & auftrale de la Fixe la plus auftrale des trois du baudrier d'Orion, marquée ζ par Baïérus, & nommée *fequens,* laquelle hauteur je trouvay de 82°. 54'. 20".
Le 25. hauteur de la mefme, 82°. 54'. 20".
Le 26. hauteur de la mefme, 82°. 54'. 20".

Le 20. Septembre 1672. & les jours fuivans, j'obfervay avec l'Octans la hauteur méridienne de la Fixe d'Orion, marquée par Baïérius *n,* & nommée, *fub baltheo trium inferior,* laquelle hauteur je trouvay de 82°. 19'. 25".
Le 21. hauteur de la mefme, 82°. 19'. 20".
Le 22. hauteur de la mefme, 82°. 19'. 25".
Le 26. hauteur de la mefme, 82°. 19'. 35".

Le 19. Septembre 1672. & les jours fuivans, j'obfervay avec l'Octans la hauteur méridienne de la Fixe d'Aquarius, marquée par Baïérus γ, laquelle hauteur je trouvay de 82°. 2'. 55".
Le 20. hauteur de la mefme, 82°. 2'. 55".
Le 21. hauteur de la mefme, 82°. 2'. 55".
Le 24. hauteur de la mefme, 82°. 2'. 50".

Le 20. Septembre 1672. j'obfervay avec l'Octans la hauteur méridienne de la Fixe de l'Eridan, marquée par Baïérus β, & nommée, *fupra pedem Orionis, in flumine prima,* laquelle je trouvay ce jour & les fuivans de 79°. 30'. 55".

Le 19. & 20. Septembre 1672. j'obfervay avec l'Octans la hauteur méridienne d'une Fixe dans l'épaule droite d'Aquarius, que je trouvay de 78°. 5'. 5".

Le 16. Aouft 1672. & les jours fuivans, j'obfervay avec l'Octans une Fixe dans Aquarius, marquée par Baïérus φ, & nommée, *in primo fluxu aquæ, duarum fequens,* laquelle hauteur je trouvay de 77°. 15'. 10". d.
Le 20. hauteur de la mefme, 77°. 15'. 35".
Le 21. hauteur de la mefme, 77°. 15'. 40".
Le 22. hauteur de la mefme, 77°. 15'. 45".
Le 24. hauteur de la mefme, 77°. 15'. 40".
Le 27. hauteur de la mefme, 77°. 15'. 40".

Le 23. Février 1673. j'obfervay avec l'Octans la hauteur méridienne de la Fixe appellée par Baïérus, *Lanx Septentrionalis Libræ,* laquelle je trouvay ce jour de 76°. 55'. 5".

Le 18. Mars 1673. la hauteur méridienne de la mefme Fixe eftoit de 76. 55'. 0".

G

Le 30. & 31. Juillet 1672. j'avois obſervé la meſme hauteur méridienne avec le meſme inſtrument, laquelle j'avois trouvée de 76°. 55′. 50″. d.

Le 19. & 21. Septembre 1672. j'obſervay avec l'Octans la hauteur méridienne de *Rigel*, que je trouvay de 76°. 27′. 0″. & de 76°. 27′. 10″.

Le 16. Aouſt 1672. & les jours ſuivans, j'obſervay avec l'Octans la hauteur méridienne d'une Fixe appellée par Baïérus, *prima effuſionis aquæ*, & marquée λ, laquelle hauteur je trouvay de 75°. 45′. 40″.

Le 18. hauteur de la meſme, 75°. 45′. 45″.
Le 19. hauteur de la meſme, 75°. 45′. 40″.
Le 21. hauteur de la meſme, 75°. 45′. 40″.
Le 22. hauteur de la meſme, 75°. 45′. 40″.
Le 23. hauteur de la meſme, 75°. 45′. 40″.
Le 24. hauteur de la meſme, 75°. 45′. 40″.
Le 27. hauteur de la meſme, 75°. 45′. 40″.

Le 21. Janvier 1673. & les jours ſuivans, j'obſervay avec l'Octans la hauteur méridienne de l'Eſpy de la Vierge, que je trouvay de 75°. 37′. 10″. d.

Le 23. hauteur de la meſme, 75°. 37′. 15″.
Le 25. hauteur de la meſme, 75°. 37′. 10″.

Le 20. Mars 1673. la hauteur de la meſme Fixe obſervée avec le meſme inſtrument eſtoit de 75°. 37′. 15″.

La meſme hauteur eſtoit le 21. Avril ſuivant de 75°. 37′. 20″.

Le 19. & 22. Septembre 1672. j'obſervay avec l'Octans la hauteur méridienne de la Fixe appellée par Baïérus, *ad genu ſiniſtrum Orionis*, & trouvay qu'elle eſtoit de 75°. 14′. 40″.

Le 11. Septembre 1672. j'obſervay avec l'Octans la hauteur méridienne de la Fixe de la main droite d'Aquarius, que je trouvay de 74°. 24′. 50″.

Le 12. hauteur de la meſme, 74°. 24′. 50″.
Le 13. hauteur de la meſme, 74°. 24′. 50″.

Le 7. Septembre 1672. & les jours ſuivans, j'ay obſervé avec l'Octans la hauteur méridienne de la Fixe marquée par Baïérus ⱷ, dans la conſtellation d'Aquarius, laquelle je trouvay de 74°. 12′. 30″.

Le 8. hauteur de la meſme, 74°. 12′. 30″.
Le 24. hauteur de la meſme, 74°. 12′. 30″.

Le 9. Février 1673. j'obſervay avec l'Octans la hauteur méridiennne de la Fixe marquée γ par Baïérus, dans la conſtellation de la Coupe, laquelle hauteur je trouvay de 70°. 22′. 20″.

Le. 23. Février 1673. j'obfervay avec l'Octans la hauteur méridienne d'une autre Fixe dans la mefme conftellation marquée ♌, laquelle j'ay trouvée de 69°. 19'. 40''.

Le 20. Septembre 1671. & les jours fuivans, j'obfervay avec l'Octans la hauteur méridienne de *Canis major*, laquelle je trouvay de 68°. 46'. 5''.

Le 24. du mefme mois hauteur de la mefme, 68°. 46'. 0''.

Le 27. Novembre hauteur de la mefme, 68°. 45'. 55''.

Le 30. hauteur de la mefme, 68°. 45'. 55''.

Le 22. Décembre hauteur de la mefme, 68°. 45'. 55''.

Le 23. Décembre hauteur de la mefme, 68°. 45'. 55''.

Le 1. Janvier & 16. Mars 1673. hauteur de la mefme, 68°. 45'. 55''.

Le 24. Janvier 1673. j'obfervay avec l'Octans la hauteur méridienne d'une Fixe dans la conftellation de *Canis major*, marquée β par Baïérus, laquelle hauteur je trouvay de 67°. 14'. 20''.

Le 8. Février 1673. j'obfervay avec l'Octans la hauteur méridienne d'une Fixe dans la conftellation du Liévre, marquée α par Baïérus, laquelle hauteur je trouvay de 66°. 57'. 30''.

Le 20. Février 1671. & les jours fuivans, j'obfervay avec l'Octans une Fixe de la conftellation du Scorpion, marquée par Baïérus υ, nommée, *in eductione Chela Septentrionalis*, laquelle hauteur je trouvay de 66°. 29'. 50''.

Le 23. hauteur de la mefme, 66°. 29'. 45''.

Le 25. hauteur de la mefme, 66°. 29'. 40''.

Le 20. Mars 1673. hauteur de la mefme Fixe avec le mefme inftrument, 66°. 29'. 40''.

Le 20. Février 1673. & les jours fuivans, j'obfervay avec l'Octans la hauteur méridienne d'une Fixe de la conftellation du Scorpion, marquée β par Baïérus, & nommée, *in fronte ad Boream fulgentior prima*, laquelle hauteur je trouvay de 66°. 12'. 10''. ou 15''.

Le 23. hauteur de la mefme, 66°. 12'. 15''.

Le 25. hauteur de la mefme, 66°. 12'. 10''.

Le 20. Mars 1673. hauteur de la mefme Fixe avec le mefme inftrument, 66°. 12'. 10''.

Le 11. Février 1673. j'obfervay avec l'Octans la Fixe qui eft celle du milieu des trois qui font dans le collier de *Canis major*, marquée ν par Baïérus, & nommée, *in collo & collario tres*, laquelle hauteur je trouvay de 66°. 3'. 25''.

Le 8. Février 1673. j'obfervay avec l'Octans la hauteur méridienne d'une Fixe, marquée β par Baïérus, dans la conftellation du Liévre, laquelle je trouvay de 64°. 1'. 15''.

Le 17. hauteur de la mefme, 64°. 1'. 10''.

G ij

Le 21. Février 1673. j'obfervay avec l'Octans la hauteur méridienne d'une Fixe de la troifiéme grandeur prés de l'Efpy de la Vierge, marquée fans lettres par Baïérus, dans la conftellation de la Vierge, laquelle hauteur j'ay trouvée de 63°. 38'. 35''.

Le 23. du mefme mois, hauteur de la mefme, 63°. 38'. 35''.

Le 9. Février 1673. j'obfervay avec l'Octans la hauteur méridienne d'une Fixe dans la conftellation de la Coupe, marquée par Baïérus β, laquelle hauteur je trouvay de 63°. 29'. 20'.

Le 20. Février 1673. & les jours fuivans, j'obfervay avec l'Octans la hauteur méridienne d'une Fixe dans la conftellation du Scorpion, marquée 𝓁 par Baïérus, & nommée, *in fronte ad auftrum tertia*, laquelle hauteur je trouvay de 63°. 25'. 40'.

Le 23. hauteur de la mefme, 63°. 25'. 45''.

Le 25. hauteur de la mefme, 63°. 25'. 40''.

Le 8. Février 1673. j'obfervay avec l'Octans la hauteur méridienne d'une Fixe dans la conftellation du Liévre, marquée γ par Baïérus, laquelle hauteur je trouvay de 62°. 28'. 40''.

Le 8. Février 1673. j'obfervay avec l'Octans la hauteur méridienne d'une Fixe dans la conftellation de *Canis major*, appellée par Baïérus o *fecundum*, laquelle hauteur je trouvay de 61°. 41'. 20''.

Le 8. Février 1673. j'obfervay avec l'Octans la hauteur méridienne d'une autre Fixe dans la mefme conftellation de *Canis major*, appellée par Baïérus o *primum*, laquelle hauteur je trouvay de 61°. 16'. 15''.

Le 23. Février 1673. j'obfervay avec l'Octans la hauteur méridienne d'une Fixe dans la conftellation du Scorpion, marquée γ par Baïérus, & nommée, *ad Chelam auftrinam*, laquelle hauteur je trouvay de 61°. 7'. 10''.

Le 20. du mefme mois, hauteur de la mefme, 61°. 7'. 15''.

Le 20. Février 1673. j'obfervay avec l'Octans la hauteur méridienne d'une Fixe dans la conftellation du Scorpion, marquée σ par Baïérus, & nommée, *trium lucidarum in corpore præcedens*, laquelle hauteur je trouvay de 60°. 19'. 15''.

Le 25. du mefme mois, hauteur de la mefme, 60°. 19'. 15''.

Le 20. Février 1673. j'obfervay avec l'Octans la hauteur méridienne d'un autre Fixe dans la mefme conftellation du Scorpion, marquée π par Baïérus, & nommée, *in principio pedis fecundi*, laquelle hauteur je trouvay de 59°. 57'. 25''.

Le 23. du mefme mois, hauteur de la mefme Fixe, 59°. 57'. 20''.

Le 25. hauteur de la mefme, 59°. 57'. 20''.

Le 1. jour d'Aouft 1672. j'obfervay avec l'Octans la hauteur méridienne

ridienne du cœur du Scorpion, que je trouvay de 59°. 25′. 10″.

Le 18. Février 1673. & les jours suivans, la hauteur méridienne de la mesme Fixe observée avec le mesme instrument, estoit de 59°. 25′. 10″.

Le 20. du mesme mois, hauteur de la mesme, 59°. 25′. 10″.

Le 18. Mars 1673. & le jour suivant, j'observay avec l'Octans la hauteur méridienne d'une Fixe dans la constellation du Scorpion, marquée τ par Baïerus, laquelle hauteur je trouvay de 57°. 35′. 25″.

Le 20. hauteur de la mesme, 57°. 35′. 25″.

Le 22. Décembre 1672. j'observay avec l'Octans la hauteur méridienne de la Fixe dans la constellation du grand Chien, marquée ε par Baïerus, laquelle hauteur je trouvay de 56°. 31′. 20″.

Le 31. du mesme mois, hauteur de la mesme, 56°. 31′. 25″. d.

Le 18. & 20. Février 1673. j'observay avec l'Octans la hauteur méridienne de la Fixe du Scorpion, marquée ε par Baïerus, laquelle je trouvay de 51°. 26′. 15″.

Le 11. & 21. Février 1673. j'observay avec l'Octans la hauteur méridienne d'une Fixe dans le Centaure, marquée θ par Baïerus, laquelle hauteur je trouvay de 50°. 21′. 5″. & de 50°. 20′. 50″.

Le 19. Septembre 1672. & les jours suivans, j'observay avec l'Octans la hauteur méridienne de *Phomahan*, laquelle je trouvay de 53°. 44′. 30″.

Le 20. hauteur de la mesme, 53°. 44′. 30″.

Le 22. hauteur de la mesme, 53°. 44′. 30″.

Le 15. Octobre 1672. la hauteur méridienne de la mesme, observée avec le quart de cercle estoit de 53°. 45′. 10″.

Le 11. Février 1673. j'observay avec l'Octans la hauteur méridienne de l'aifle droite de la Colombe, laquelle hauteur je trouvay de 50°. 47′. 35″.

Le 21. du mesme mois, hauteur de la mesme Fixe, 50°. 48′. 30″.

Le 23. Février 1673. j'observay avec l'Octans la hauteur méridienne de la Fixe du Centaure, appellée par Baïerus *ultima quæ australior*, laquelle hauteur je trouvay de 48°. 43′. 10″.

Le 25. du mesme mois, hauteur de la mesme, 48°. 43′. 10″.

Le 18. Mars 1673. & les jours suivans, j'observay avec l'Octans la hauteur méridienne de la Fixe du Scorpion, marquée par Baïerus υ, laquelle hauteur je trouvay de 48°. 6′. 30″.

Le 19. hauteur de la mesme, 48°. 6′. 30″.

Le 11. Février 1673. j'observay avec l'Octans la hauteur méridienne de la Fixe du Centaure, marquée ο par Baïerus, & nommée *in thyrso duarum priorum australior*, laquelle hauteur je trouvay de 47°. 6′. 5″.

H

Le 24. Janvier 1673. j'obfervay avec le quart de cercle la hauteur méridienne d'une Fixe de la conftellation de la Navire qui n'eft point marquée par Baïérus, & qui eft de la deuxiéme grandeur, laquelle hauteur je trouvay de 45°. 59'. 20".

Le 23. Février 1673. j'obfervay avec l'Octans la hauteur méridienne d'une Fixe, appellée par Baïérus *in cubitu lævo Centauri*, laquelle hauteur je trouvay ce jour auffi-bien que le 17. de ce mois, de 44°. 23'. 50".

Le 13. Octobre 1671. & les jours fuivans, j'obfervay avec le quart de cercle la hauteur méridienne d'une Fixe de la deuxiéme grandeur dans la tefte de la Grüe, laquelle je trouvay de 46°. 13'. 20".

Le 14. hauteur de la mefme, 46°. 13'. 20".
Le 16. hauteur de la mefme, 46°. 13'. 15".
Le 17. hauteur de la mefme, 46°. 13'. 20".

Le 28. Octobre 1671. j'obfervay avec le quart de cercle la hauteur méridienne d'une autre Fixe dans la conftellation de la Grüe, laquelle eft de la quatriéme grandeur, laquelle hauteur je trouvay de 44°. 2'. 40".

Le 10. Janvier 1671. j'obfervay avec le quart de cercle la hauteur méridienne d'une Fixe de la deuxiéme grandeur dans la conftellation de l'Eridan, laquelle n'eft point marquée par Baïérus, & je trouvay qu'elle eftoit de 43°. 27'. 20".

Le 12. Janvier 1673. j'obfervay avec le quart de cercle la hauteur méridienne d'une Fixe de la troifiéme grandeur dans la conftellation de la Navire, laquelle eft dans le bras du Pilote qui jette la fonde, laquelle hauteur je trouvay de 42°. 9'. 20".

Le 24. du mefme mois, hauteur de la mefme Fixe, 42°. 9'. 30".

Le 30. Octobre 1671. & les jours fuivans, j'obfervay avec le quart de cercle la hauteur méridienne d'une Fixe de la deuxiéme grandeur dans la conftellation du Phœnix, que je trouvay de 41°. 0'. 30".

Le 1. Novembre 1671. hauteur de la mefme, 41°. 0'. 20".
Le 4. du mefme mois, hauteur de la mefme, 41°. 0'. 20".

Le 29. Octobre 1671. & les jours fuivans, j'obfervay avec le quart de cercle la hauteur méridienne d'une Fixe de la troifiéme grandeur dans la conftellation du Phœnix, laquelle hauteur je trouvay de 40°. 5'. 30".

Le 1. Novembre 1671. hauteur de la mefme Fixe, 40°. 5'. 40".
Le 4. hauteur de la mefme, 40°. 5'. 40".

Le 28. Octobre 1671. j'obfervay avec le quart de cercle la hauteur méridienne d'une Fixe de la Gruë de la quatriéme grandeur, laquelle je trouvay de 39°. 57′. 10″.

Le 28. Octobre 1672. j'obfervay avec le quart de cercle la hauteur méridienne d'une autre Fixe de la Gruë de la quatriéme grandeur, laquelle je trouvay de 39°. 49′. 0″.

Le 29. Octobre 1672. j'obfervay avec le quart de cercle la hauteur méridienne d'une autre Fixe de la Gruë de la quatriéme grandeur, laquelle hauteur je trouvay de 39°. 40′ 30″.

Le 30. Octobre 1672. j'obfervay avec le quart de cercle la hauteur méridiennne d'une Fixe de la troifiéme grandeur dans la conftellation du Phœnix, laquelle hauteur je trouvay de 39°. 36′. 20″.

Le 15. Octobre 1672. & les jours fuivans, j'obfervay avec le quart de cercle la hauteur méridienne d'une Fixe de la quatriéme grandeur dans l'aifle de la Gruë, laquelle hauteur je trouvay de 38°. 6′. 0″.

Le 17. hauteur de la mefme, 38°. 6′. 10″.

Le 18. hauteur de la mefme, 38°. 6′. 10″.

Le 21. Janvier 1673. j'obfervay avec le quart de cercle une Fixe de la deuxiéme grandeur dans la conftellation de la Navire, qui n'eft point marquée par Baïérus, laquelle hauteur je trouvay de 38°. 42′. 0″.

Le 24. hauteur de la mefme, 38°. 42′. 50″.

Le 4. Novembre 1672. j'obfervay avec le quart de cercle la hauteur méridienne d'une Fixe de la troifiéme grandeur dans la conftellation du Phœnix, laquelle je trouvay de 36°. 36′. 20″.

Le 13. Octobre 1672. & les jours fuivans, j'obfervay avec le quart de cercle la hauteur méridienne d'une Fixe de la deuxiéme grandeur dans l'aifle gauche de la Gruë, laquelle je trouvay de 36°. 35′. 15″.

Le 14. hauteur de la mefme, 36°. 35′. 10″.

Le 15. hauteur de la mefme, 36°. 35′. 15″.

Le 13. Octobre 1672. & les jours fuivans, j'obfervay avec le quart de cercle la hauteur méridienne d'une Fixe de la deuxiéme grandeur qui eft dans l'eftomac de la Gruë, laquelle hauteur je trouvay de 36°. 31′. 20″.

Le 15. hauteur de la mefme, 36°. 31′. 20″.

Le 16. hauteur de la mefme, 36°. 31′. 30″.

Le 29. Octobre 1672. j'obfervay avec le quart de cercle la hauteur méridienne d'une Fixe dans la conftellation de l'Eridan de la troifiéme grandeur, laquelle hauteur je trouvay de 35°. 54′. 0″.

Le 1. Novembre 1672. hauteur de la mefme, 35°. 54′. 10″.

Le 4. hauteur de la mefme, 35°. 54′. 10″.

Le 21. Janvier 1672. j'obfervay avec le quart de cercle la hauteur méridienne d'une Fixe qui eft dans la poupe de la Navire, & qui eft marquée fur le Globe, laquelle je trouvay de 34°. 52'. 0".
Le 24. hauteur de la mefme, 34°. 51'. 40".

Le 12. Janvier 1673. j'obfervay avec le quart de cercle la hauteur méridienne d'une Fixe de la quatriéme grandeur qui eft dans le plomb de la fonde de la Navire, laquelle hauteur je trouvay de 33°. 53'. 0".

Le 24. du mefme mois, la hauteur de la mefme Fixe eftoit de 33°. 53'. 20".

Le 11. Janvier 1673. j'obfervay avec le quart de cercle la hauteur méridienne d'une Fixe de la deuxiéme grandeur, laquelle eft dans la conftellation du Centaure, marquée par Baïerus *l*, & nommée *fub alvo trium media*, laquelle hauteur je trouvay de 33°. 19'. 10".

Le 14. du mefme mois, la hauteur de la mefme Fixe eftoit de 33°. 19'. 0".
Le 16. hauteur de la mefme, 33°. 19'. 10".

Le 21. Janvier 1673. j'obfervay avec le quart de cercle la hauteur méridienne d'une Fixe de la troifiéme grandeur dans la conftellation de la Navire, laquelle hauteur je trouvay de 32°. 59'. 30".
Le 24. hauteur de la mefme, 32°. 59'. 30".

Le 16. 17. 18. 19. 20. Octobre 1672. j'obfervay avec le quart de cercle la hauteur méridienne de la Fixe appellée Canopus, laquelle je trouvay toûjours de 32°. 35'. 10".

Cette Fixe eft de la premiére grandeur, & pareille à celle d'Arcturus.

Le 12. Janvier 1673. & les jours fuivans, j'obfervay avec le quart de cercle la hauteur méridienne de cette mefme Fixe, que je trouvay de 32°. 33'. 40".
Le 21. hauteur de la mefme, 32°. 34'. 10".
Le 22. hauteur de la mefme, 32°. 34'. 20".
Le 24. hauteur de la mefme, 32°. 34'. 10".

Le 13. Octobre 1672. & les jours fuivans, j'obfervay avec le quart de cercle la hauteur méridienne d'une Fixe de la troifiéme grandeur qui eft la plus claire des trois qui font dans la queuë de la Grüe, laquelle hauteur je trouvay de 32°. 4'. 50".
Le 15. hauteur de la mefme, 32°. 4'. 50".
Le 16. hauteur de la mefme, 32°. 4'. 50".

Le 19. Octobre 1672. & les jours fuivans, j'obfervay avec le quart de cercle la hauteur méridienne d'une Fixe de la troifiéme

grandeur

grandeur dans la conſtellation de l'Eridan, laquelle hauteur je trouvay de 32°. 3′. 10″.

Le 1. Novembre, hauteur de la meſme, 32°. 3′. 20″.

Le 4. du meſme mois, hauteur de la meſme, 32°. 3′. 20″.

Le 21. Octobre 1672. & les jours ſuivans, j'obſervay avec le quart de cercle la hauteur méridienne d'une Fixe de la troiſiéme grandeur dans la conſtellation de l'Eridan, laquelle je trouvay de 31°. 49′. 50″.

Le 30. hauteur de la meſme, 31°. 49′. 50″.

Le 1. Novembre 1672. hauteur de la meſme Fixe, 31°. 49′. 40″.

Le 4. hauteur de la meſme, 31°. 49′. 40″.

Le 11. Janvier 1672. j'obſervay avec le quart de cercle la hauteur méridienne d'une Fixe de la deuxiéme grandeur qui eſt dans le haut de la croix du Sud, laquelle hauteur je trouvay de 29°. 49′. 40″.

Le 11. du meſme mois, la hauteur méridienne de la meſme Fixe eſtoit de 29°. 49′. 40″.

Le 15. Janvier 1672. j'obſervay avec le quart de cercle la hauteur méridienne d'une Fixe de la troiſiéme grandeur qui eſt entre *Canopus* & *Acarnar*, laquelle je crois eſtre de la conſtellation de la Dorade, laquelle hauteur je trouvay de 29°. 20′. 50″.

Le 20. du meſme mois, hauteur de la meſme Fixe, 29°. 20′. 40″.

Le 21. hauteur de la meſme, 29°. 21′. 0″.

Le 16. Janvier 1673. j'obſervay avec le quart de cercle la hauteur méridienne d'une Fixe de la deuxiéme grandeur la plus Occidentale de la Croix du Sud, & qui eſt dans le bras Occidental, paſſant la premiere au méridien, laquelle hauteur je trouvay de 28°. 9′. 30″.

Le 11. Janvier 1673. j'obſervay avec le quart de cercle la hauteur méridienne d'une Fixe de la deuxiéme grandeur, dans le bras Oriental de la Croix du Sud, laquelle hauteur je trouvay de 27°. 13′. 40″.

Le 24. Janvier 1673. j'obſervay avec le quart de cercle la hauteur méridienne de la Fixe de la queuë de la Dorade, laquelle hauteur je trouvay de 27°. 10′. 30″.

Le 11. Janvier 1673. j'obſervay avec le quart de cercle la hauteur méridiennne d'une Fixe de la troiſiéme grandeur dans la conſtellation de la Navire, laquelle n'eſt point marquée ſur les Globes, & je trouvay que cette hauteur eſtoit de 27°. 4′. 30″.

Le 18. & 20. Mars 1673. j'obſervay avec le quart de cercle la hauteur méridienne d'une Fixe dans la conſtellation appellée *Thu-*

ribulum, marquée θ par Baïérus, laquelle hauteur je trouvay de 26°. 42′. 50″.

Le 21. Janvier 1673. j'obfervay avec le quart de cercle la hauteur méridienne d'une Fixe de la deuxiéme grandeur qui n'eft point marquée par Baïérus, ni fur les Globes, dans la conftellation de la Navire, laquelle hauteur je trouvay de 26°. 38′. 15″.

Le 26. hauteur de la mefme, meilleure que celle cy - deffus. 26°. 39′. 0″.

Le 11. Janvier 1673. j'obfervay avec le quart de cercle la hauteur méridienne d'une Fixe de la deuxiéme grandeur, dans le Centaure, laquelle n'eft point marquée par Baïérus, ni fur les Globes, & je trouvay cette hauteur de 26°. 20′. 30″.

Le 20. Octobre 1672. & les jours fuivans, j'obfervay avec le quart de cercle la hauteur méridienne de la Fixe dans l'extrémité du fleuve Eridan, appellée *Acarnar*, laquelle eft de la premiére grandeur, & je trouvay ce jour que cette hauteur eftoit de 26°. 10′. 0″.
Le 23. hauteur de la mefme, 26°. 9′. 50″.
Le 25. hauteur de la mefme, 26°. 9′. 50″.

Le 29. Octobre 1672. j'obfervay avec le quart de cercle, la hauteur méridienne d'une Fixe dans la conftellation du Phœnix, de la quatriéme grandeur, laquelle je trouvay de 25°. 50′. 10″.
Le 1. Novembre 1672. hauteur de la mefme 25°. 50′. 20″.
Le 4. hauteur de la mefme, 25°. 50′. 20″.

Le 21. Janvier 1673. j'obfervay avec le quart de cercle la hauteur méridienne d'une Fixe de la premiére grandeur, dans un des pieds de devant du Centaure, marquée par Baïérus α, & nommée *in fummo pede lævo antecedente*, laquelle hauteur je trouvay de 25°. 39′. 30″.
Le 22. hauteur de la mefme, 25°. 39′. 30″.

Le 11. Janvier 1673. j'obfervay avec le quart de cercle la hauteur méridienne d'une Fixe fort claire, de la deuxiéme grandeur, qui eft dans le pied de la Croix du Sud, laquelle hauteur je trouvay de 23°. 50′. 40″.
Le 16. hauteur de la mefme, 23°. 50′. 40″.

Le 21. Janvier 1673. j'obfervay avec le quart de cercle la hauteur méridienne d'une Fixe qui eft celle du milieu des trois du dos de la Dorade, laquelle hauteur je trouvay de 22°. 25′. 0″.
Le 24. hauteur de la mefme, 22°. 25′. 0″.

Le 20. Octobre 1672. j'obfervay avec le quart de cercle la hauteur méridenne d'une Fixe de la deuxiéme grandeur, qui paffoit au méridien, fuivant le mouvement de la pendule dont je me fervois, 22′. 39″. fecondes de temps aprés *Acarnar*, laquelle hauteur je trouvay de 21°. 57′. 20″.

Le 22. hauteur de la mesme, 21°. 57′. 20″.
Le 23. hauteur de la mesme, 21°. 57′. 20″.
Le 29. hauteur de la mesme, 21°. 57′. 30″.
Le 30. hauteur de la mesme, 21°. 57′. 20″.

Le 29. Octobre 1672. j'observay avec le quart de cercle la hauteur méridienne d'une Fixe dans la constellation du Toucan, laquelle je trouvay de 20°. 20′. 50″.

Le 4. Novembre 1672. la hauteur de la mesme estoit de 20°. 20′. 40″.

CHAPITRE IX.
AUTRES OBSERVATIONS
des Fixes & des Planettes.

Differences de temps observées avec les horloges à pendule,
entre les passages de plusieurs Fixes, & des Planettes
par le méridien de Caïenne.

TOUs les Astronomes sçavent qu'il leur a esté jusques à present tres-difficile, pour ne pas dire impossible, à cause des réfractions, de déterminer l'instant de temps auquel arrivent les Equinoxes, & conséquemment les ascensions droites des Fixes: à quoy je ne doute pas que les Observations suivantes faites en l'Isle de Caïenne pendant les années 1672. & 1673. à l'égard du Soleil & des Fixes, ne leur soient d'une tres-grande utilité, marquant exactement la difference des temps entre leurs passages par le cercle méridien, observée avec des horloges à pendule, dont la réctification dépend de ces mesmes observations; & si outre la difference de temps entre le passage du bord du Soleil & des Fixes au méridien, marquée avec les horloges à pendule, on a besoin de leurs hauteurs méridiennes en ces mesmes jours, on aura recours aux Observations du Chapitre 3. & 8. où elles sont déduites au long, & où le temps dans lequel elles ont esté faites, est soigneusement marqué. J'ajouste à cela que ces mesmes Observations serviront à connoistre les ascensions droites de plusieurs Fixes australes de differentes grandeurs, lesquelles ne sont point visibles dans les climats de l'Europe.

Je comprendray parmi ces Observations celles du passage de Mars, de Jupiter, & de Saturne au méridien, afin de n'estre pas obligé de les répeter ailleurs, & que par la comparaison de ces derniè-

I ij

res avec celles des Fixes, en ayant recours à leurs hauteurs méridiennes, & à celles de ces Planettes, on puisse décrire dans le Ciel
la figure de leurs mouvemens, particuliérement de Mars, pendant les mois d'Aoust, Septembre, Octobre & Novembre en 1672.
dans lequel temps le chemin de cette Planete estoit assez extraor-
dinaire.

Comme toutes ces Observations dépendent du mouvement des
pendules, j'avertis en les donnant jour par jour, lors qu'il a esté
interrompu, afin que l'on connoisse celles qui ont de la connexion
ensemble & celles qui n'en ont point, à cause de l'interruption.

Je ne me suis pas mis en peine en me servant des horloges à
pendule, pour marquer la différence de temps du passage des Fixes,
du Soleil, & des autres Planettes au méridien, de leur faire marquer
l'heure du mouvement du Soleil qui n'estoit point necessaire à mon
dessein en ce lieu, quoy-que néanmoins on le puisse aisément conclure en plusieurs endroits, par le passage du centre du Soleil au
méridien, dont le temps est marqué par l'horloge. Et si j'ay eû besoin ailleurs dans mes autres Observations de sçavoir l'heure du
mouvement du Soleil, je ne manqueray pas de le faire remarquer.

On remarquera aussi que je n'ay point corrigé le mouvement des
pendules, soit qu'elles avançassent ou retardassent à l'égard du mouvement journalier des Fixes: ce que j'ay fait exprés, afin de donner
mes Observations telles que je les ay faites, les laissant à corriger à
ceux qui en voudront tirer des conséquences, ou à moy lors que je
voudray faire la mesme chose, & que j'en auray le loisir.

An. 1 6 7 2.

Juin.

Mon but estant, auparavant que je partisse de France, de placer
dans le méridien, avec toute l'exactitude qui me seroit possible,
l'Octans dont j'ay parlé ailleurs, pour faire les Observations suivantes; & ayant préveû que je pourrois ne pas trouver dans le païs
où j'allois, une pierre assez polie, pour tracer dessus une ligne méridienne; j'en fis tailler une à la Rochelle, de deux pieds de long
sur l'épaisseur de cinq pouces, & large d'un pied & demi, laquelle
je fis embarquer dans le vaisseau avec de la chaux & du ciment,
pour la maçonner où besoin seroit.

Arrivant à Caïenne, je trouvay un endroit, où depuis huit années il y avoit sur terre deux meules de moulin, auprés desquelles
je fis bastir par les Sauvages une petite maison à leur maniére, de
vingt-

vingt-quatre pieds de long fur dix-huit de large, couverte de branches & de feuïlles de palmiers, & fermée par les coftez avec des écorces d'arbres, laquelle m'a fervi d'Obfervatoire pendant que j'ay efté en cette Ifle.

Je fis maçonner fur une de ces meules de moulin, qui n'eftoit diftante de la porte de mon Obfervatoire que de fix pieds, la pierre fur laquelle j'avois deffein de tracer une ligne méridienne, l'ayant mife de niveau de tous coftez avec un niveau d'eau; ce qu'eftant fait:

J'obfervay avec le quart de cercle le 21. de ce mois, environ à 9ʰ. 30'. du matin, cinq hauteurs des bords fuperieur & inferieur du Soleil, marquant en mefme temps l'ombre que faifoit fur la pierre un fil d'une moyenne groffeur, qui pendoit à plomb au bout d'icelle. Je fis la mefme chofe par trois fois feulement aprés midy, le centre du Soleil eftant en mefme hauteur qu'il avoit efté avant midy, & je traçay par le moyen de ces Obfervations trois lignes méridiennes que je trouvay fort parallelles entre elles.

Pour ne pas eftre incommodé par le vent en obfervant, je fis creufer dans mon Obfervatoire, dans l'alignement de la ligne méridienne tracée de la maniére que je viens de dire, un trou profond de cinq à fix pieds, dans lequel je mis l'Octans, & par le moyen de la mefme ligne méridienne, d'un plomb, & d'un fil fort délié étendu le long d'icelle, je plaçay dans le plan du méridien le centre & le bord de cét inftrument fur lequel eftoit la divifion avec tout le foin que je pus.

Juillet.

Le 30. de ce mois au foir, l'horloge à pendule marquant 5ʰ. 41'. 38''. environ trois minutes aprés le coucher du Soleil, la Fixe appellée *Lanx borealis Libræ*, paffa au méridien par le filet vertical de l'Octans.

Le 31. au matin, le bord Occidental de Mars paffa au méridien, la mefme horloge marquant 2ʰ. 19'. 45''

Le 31. au foir, *Lanx borealis Libræ* paffa au méridien, l'horloge marquant 5ʰ. 35'. 8''. 30'''.

Le 31. au foir, *le Cœur du Scorpion* paffa au méridien, l'horloge marquant 6ʰ. 44'. 31''.

Aouft.

Le 1. au matin, le bord Occidental de Mars paffa au méridien, l'horloge à fecondes marquant 2ʰ. 13'. 45''.

Le 1. au foir, le bord Occidental de la Lune appellé *Mare Crifium*, paffa au méridien, l'horloge marquant 5ʰ. 52'. 51''.

K

Le 1. au soir, *le Cœur du Scorpion* passa au méridien, l'horloge marquant 6ʰ. 38'. 1''

Le 1. au soir, l'Etoile du bras gauche d'*Ophiuchus* marquée μ par Baïérus, passa au méridien, l'horloge marquant 7ʰ. 48'. 43''.

Le 2. au matin, le bord Occidental de Mars passa au méridien, l'horloge marquant 2ʰ. 7'. 46''.

Le 2. au matin il passa au méridien une Fixe de la quatriéme grandeur la plus haute & la plus Orientale de deux qui estoient fort proches de *Mars*, l'horloge marquant 2ʰ. 15'. 30''.

Le 2. au soir, *le Cœur du Scorpion* passa au méridien, l'horloge marquant 6ʰ. 31'. 42''.

Le 2. au soir le bord Occidental de la tache de la Lune appellée *Mare Crisium*, passa au méridien, l'horloge marquant 6ʰ. 32'. 12''.

Le 3. au matin, le bord Occidental de Mars passa au méridien, l'horloge marquant 2ʰ. 1'. 45''. d.

Le 3. au soir, *le Cœur du Scorpion* passa au méridien, l'horloge marquant 6ʰ. 15'. 24''.

Le 3. au soir, le bord Occidental de la tache de la Lune appellée *Mare Crisium*, passa au méridien, l'horloge marquant 7ʰ. 27'. 20''.

Le 4. au matin, le bord Occidental de Mars passa au méridien, l'horloge marquant 1ʰ. 55'. 41''

Le 4. au soir, *le Cœur du Scorpion* passa au méridien, l'horloge marquant 6ʰ. 18'. 54''.

Le 4. au soir, le bord Occidental de la tache de la Lune appellée *Mare Crisium*, passa au méridien, l'horloge marquant 8ʰ. 16'. 19'.

Le 5. au matin, le bord Occidental de Mars passa au méridien, l'horloge marquant 1ʰ. 49'. 26''.

Le 5. au soir, *le Cœur du Scorpion* passa au méridien, l'horloge marquant 6ʰ. 12'. 26''.

Le 5. au soir, le bord Occidental de la tache de la Lune appellée *Mare Crisium*, passa au méridien, l'horloge marquant 9ʰ. 5'. 19''.

Le 6. au soir, le bord Occidental de la tache de la Lune appellée *Mare Crisium*, passa au méridien, l'horloge marquant 9ʰ. 52'. 52''.

Le 7. le mouvement de l'horloge fut interrompu, & le mesme jour au soir, aprés avoir esté remise en mouvement, *le Cœur du Scorpion* passant au méridien, elle marquoit 6ʰ. 38'. 40''.

Le 8. au soir, *le Cœur du Scorpion* passa au méridien, l'horloge marquant 6ʰ. 32'. 17''.

Le 9. au matin, le bord Occidental de la tache de la Lune appellée *Mare Crisium*, passa au méridien, l'horloge marquant 12ʰ. 1'. 10''.

Le 9. au matin, la Fixe *Phomahan* paſſa au méridien, l'horloge marquant 1^h. 0'. 31''.

Le 9. au matin, le bord Occidental de Mars paſſa au méridien, l'horloge marquant 2^h. 3'. 16''.

Le 9. au matin, la plus Orientale de deux Fixes de la quatriéme grandeur qui eſtoient auprés de Mars, paſſa au méridien, l'horloge marquant 2^h. 9'. 36''.

Le 9. au ſoir, *le Cœur du Scorpion* paſſa au méridien, l'horloge marquant 6^h. 25'. 53''.

Le 9. au ſoir, la Fixe de la conſtellation du Sagittaire appellée par Baïérus *in auſtrali parte arcus*, paſſa au méridien, l'horloge mar-quant 8^h. 18'. 13'.

Le 10. au matin, le bord Occidental de la tache de la Lune ap-pellée *Mare Criſium*, paſſa au méridien, l'horloge marquant 12^h. 43'. 4''. & le bord Occidental de la tache appellée *Grimaldi*, paſſa enſuite au méridien, l'horloge marquant 12^h. 44'. 55''. 30'''.

Le 10. au matin, *Phomahan* paſſa au méridien, l'horloge mar-quant 12^h. 54'. 3''. 30'''.

Le 10. au matin, le bord Occidental de Mars paſſa au méridien, l'horloge marquant 1^h. 56'. 50''.

Le 10. au matin, la plus Orientale & la plus haute des deux Fi-xes prés de Mars obſervée le 9. de ce mois, paſſa au méridien, l'hor-loge marquant 2^h. 3'. 10''.

Le 10. au ſoir, *le Cœur du Scorpion* paſſa au méridien, l'horloge marquant 6^h. 19'. 25''.

Le 10. au ſoir, la Fixe *in auſtrali parte arcus Sagittarii*, paſſa au méridien, l'horloge marquant 8^h. 11'. 41''.

Le 11. au matin, *Phomahan* paſſa au méridien, l'horloge marquant 12^h. 47'. 31''.

Le 11. au matin, le bord Occidental de la tache de la Lune ap-pellée *Grimaldi*, paſſa au méridien, l'horloge marquant 1^h. 25'. 49''.

Le 11. au matin, le bord Occidental de Mars paſſa au méridien, l'horloge marquant 1^h. 50'. 13''.

Le 11. au matin, la Fixe prés de Mars obſervée le 9. & 10. de ce mois, dont la hauteur méridienne eſtoit de 77°. 31'. 20'' paſſa au méridien, l'horloge marquant 1^h. 56'. 40''.

Le 11. au matin, le bord Occidental de Saturne paſſa au méri-dien, l'horloge marquant 2^h. 17'. 13''.

Le 11. au ſoir, *le Cœur du Scorpion* paſſa au méridien, l'horloge marquant 6^h. 12'. 52''.

Le 11. au ſoir, la Fixe *in auſtrali parte arcus Sagittarii*, paſſa au mé-ridien, l'horloge marquant 8^h. 5'. 12''.

Le 12. au foir, *le Cœur du Scorpion* paſſa au méridien, l'horloge marquant 6^h. 6'. 25".

Le 12. au foir, enſuite de l'obſervation précédente, *Phomahan* paſſa au méridien, l'horloge marquant 12^h. 34'. 34".

Le 13. au foir, *le Cœur du Scorpion* paſſa au méridien, l'horloge marquant 5^h. 59'. 54"

Le 14. au matin, enſuite de l'Obſervation précedente, *Phomahan* paſſa au méridien, l'horloge marquant 12^h. 28'. 0".

Le 14. au matin, le bord Occidental de Mars paſſa au méridien, l'horloge marquant 1^h. 30'. 10".

Le 14. au foir, *le Cœur du Scorpion* paſſa au méridien, l'horloge marquant 5^h. 53'. 22".

Le 15. au matin, la Fixe obſervée le 9. & 10. de ce mois paſſa au méridien, l'horloge marquant 1^h. 30'. 38".

Le 15. au foir, *le Cœur du Scorpion* paſſa au méridien, l'horloge marquant 5^h. 46'. 47'.

Le 15. au foir, une Fixe au deſſous des pieds d'*Antinoüs*, dont la hauteur méridienne obſervée avec l'Octans eſtoit de 76°. 38'. 15". paſſa au méridien, l'horloge marquant 7^h. 54'. 24".

Le 16. au matin, *Phomahan* paſſa au méridien, l'horloge marqunt 12^h. 14'. 55".

Le 16. au matin, une Fixe dans la conſtellation d'*Aquarius* marquée λ, & nommée par Baïérus, *in prima effuſione aquæ*, paſſa au méridien avant *Phomahan*, l'horloge marquant 12^h. 11'. 20".

Le 16. au matin, une autre Fixe dans la meſme conſtellation, marquée φ par Baïerus, & nommée *in primo fluxu aquæ*, paſſa au méridien, l'horloge marquant 12^h. 33'. 5".

Le 16. au matin, le bord Occidental de Mars paſſa au méridien, l'horloge marquant 1^h. 16'. 32".

Le 18. au matin, le bord Occidental de Mars paſſa au méridien, l'horloge marquant 1^h. 2'. 45".

Le 18. au foir, *le Cœur du Scorpion* paſſa au méridien, l'horloge marquant 5^h. 27'. 19".

Le 18. au foir, la Fixe au deſſous des pieds d'*Antinoüs*, cy-deſſus obſervée, paſſa au méridien, l'horloge marquant 7^h. 34'. 54".

Le 18. au foir, la Fixe marquée λ, dans la conſtellation d'*Aquarius*, cy-deſſus obſervée, paſſa au méridien, l'horloge marquant 11^h. 51'. 50".

Le 19. au foir, *le Cœur du Scorpion* paſſa au méridien, l'horloge marquant 5^h. 20'. 49".

Le 19. au foir, la Fixe au deſſous des pieds d'*Antinoüs*, cy-deſſus obſervée, paſſa au méridien, l'horloge marquant 7^h. 28'. 28".

Le 19.

Le 19. au foir, la Fixe marquée λ dans *Aquarius*, paſſa au méridien, l'horloge marquant 11ʰ. 45'. 26''. d.

Le 20. au matin, la Fixe marquée φ dans *Aquarius*, cy-deſſus obſervée, paſſa au méridien, l'horloge marquant 12ʰ. 7'. 11''.

Le 20. au matin, le bord Occidental de Mars paſſa au méridien, l'horloge marquant 12ʰ. 48'. 49''.

Le 20. au foir, *le Cœur du Scorpion* paſſa au méridien, l'horloge marquant 5ʰ. 14'. 20''.

Le 21. au matin, le bord Occidental de Mars paſſa au méridien, l'horloge marquant 12ʰ. 41'. 51''.

Le 21. au foir, *le Cœur du Scorpion* paſſa au méridien, l'horloge marquant 5ʰ. 7'. 56''.

Le 21. au foir, la Fixe au deſſous des pieds d'*Antinoüs*, cy-deſſus obſervée, paſſa au méridien, l'horloge marquant 7ʰ. 15'. 40''.

Le 21. au foir, la Fixe marquée λ dans *Aquarius*, cy-deſſus obſervée, paſſa au méridien, l'horloge marquant 11ʰ. 32'. 43''.

Le 21. au foir, la Fixe marquée φ dans *Aquarius* cy-deſſus obſervée, paſſa au méridien, l'horloge marquant 11ʰ. 54'. 29''.

Le 22. au matin, le bord Occidental de Mars paſſa au méridien, l'horloge marquant 12ʰ. 34'. 54''.

Le 22. au foir, *le Cœur du Scorpion* paſſa au méridien, l'horloge marquant 5ʰ. 1'. 44''.

Le 22. au foir, la Fixe qui eſt au deſſous des pieds d'*Antinoüs*, cy-deſſus obſervée, paſſa au méridien, l'horloge marquant 7ʰ. 9'. 25''.

Le 22. au foir, la Fixe d'*Aquarius*, marquée λ, cy-deſſus obſervée, paſſa au méridien, l'horloge marquant 11ʰ. 26'. 31''.

Le 23. au matin, le bord Occidental de Mars paſſa au méridien, l'horloge marquant 12ʰ. 27'. 51''.

Le 23. au foir, *le Cœur du Scorpion* paſſa au méridien, l'horloge marquant 4ʰ. 55'. 40''.

Le 23. au foir, la Fixe au deſſous des pieds d'*Antinoüs*, cy-deſſus obſervée, paſſa au méridien, l'horloge marquant 7ʰ. 3'. 40''.

Le 23. au foir, *Phomahan* paſſa au méridien, l'horloge marquant 11ʰ. 23'. 37''.

Le 23. au foir, la Fixe marquée φ dans *Aquarius*, cy-deſſus obſervée, paſſa au méridien, l'horloge marquant 11ʰ. 41'. 47''.

Le 24. au matin, le bord Occidental de Mars paſſa au méridien, l'horloge marquant 12ʰ. 20'. 49''.

Le 24. au foir, *le Cœur du Scorpion* paſſa au méridien, l'horloge marquant 4ʰ. 49'. 6''.

Le 24. au foir, la Fixe marquée λ dans *Aquarius*, cy-deſſus obſervée, paſſa au méridien, l'horloge marquant 11ʰ. 13'. 43''.

L

Le 24. au foir, *Phomahan* paffa au méridien, l'horloge marquant 11ʰ. 17ʹ. 18ʺ.

Le 24. au foir, la Fixe d'*Aquarius* marquée ϙ, cy-deffus obfervée, paffa au méridien, l'horloge marquant 11ʰ. 35ʹ. 30ʺ. d.

Le 25. au matin, le bord Occidental de Mars paffa au méridien, l'horloge marquant 12ʰ. 13ʹ. 44ʺ.

Le 25. au foir, la Fixe au deffous d'*Antinoüs*, cy-deffus obfervée, paffa au méridien, l'horloge marquant 6ʰ. 50ʹ. 26ʹ. d.

Le 26. au matin, le bord Occidental de Mars paffa au méridien, l'horloge marquant 12ʰ. 6ʹ. 52ʺ.

Le 26. au foir, la Fixe au deffous d'*Antinoüs* paffa au méridien, l'horloge marquant 6ʰ. 44ʹ. 25ʺ.

Le 27. au foir, le *Cœur du Scorpion* paffa au méridien, l'horloge marquant 4ʰ. 30ʹ. 20ʺ.

Le 27. au foir, la Fixe au deffous des pieds d'*Antinoüs*, cy-deffus obfervée, paffa au méridien, l'horloge marquant 6ʰ. 38ʹ. 3ʺ.

Le 27. au foir, la Fixe marquée λ dans *Aquarius*, cy-deffus obfervée, paffa au méridien, l'horloge marquant 11ʰ. 0ʹ. 37ʺ.

Le 27. au foir, *Phomahan* paffa au méridien, l'horloge marquant 11ʰ. 4ʹ. 15ʺ.

Le 27. au foir, la Fixe marquée ϙ dans *Aquarius*, cy-deffus obfervée, paffa au méridien, l'horloge marquant 11ʰ. 22ʹ. 20ʺ.

Le 27. au foir, le bord Occidental de Mars paffa au méridien, l'horloge marquant 11ʰ. 52ʹ. 30ʺ.

Le 28. au foir, le *Cœur du Scorpion* paffa au méridien, l'horloge marquant 4ʰ. 23ʹ. 57ʺ.

Le 29. au foir, le bord Occidental de la tache de la Lune appellée *Mare Crifium*, paffa au méridien, l'horloge marquant 4ʰ. 3ʹ. 45ʺ.

Le 29. au foir, le *Cœur du Scorpion* paffa au méridien, l'horloge marquant 4ʰ. 17ʹ. 37ʺ.

Aprés cette Obfervation, le mouvement de l'horloge à pendule fut interrompu, & enfuite elle fut remife en mouvement, fans avoir égard qu'à peu prés à l'heure qu'il eftoit, aprés quoy.

Le 29. au foir, la Fixe au deffous des pieds d'*Antinoüs* paffa au méridien, l'horloge marquant 6ʰ. 26ʹ. 27ʺ.

Le 29. au foir, le bord Occidental de Mars paffa au méridien, l'hologe marquant 11ʰ. 39ʹ. 34ʺ.

Le 30. au foir, le *Cœur du Scorpion* paffa au méridien, l'horloge marquant 4ʰ. 14ʹ. 27ʺ.

Le 30. au foir, le bord Occidental de Mars paffa au méridien, l'horloge marquant 11ʰ. 34ʹ. 28ʺ.

Le 31. au foir, le bord Occidental de la tache de la Lune appellée *Mare Crisium*, passa au méridien, l'horloge marquant 5ʰ. 45′. 57″.

Septembre.

Le 1. au soir, le bord Occidental de Mars passa au méridien, l'horloge marquant 11ʰ. 24′. 8″.

Le 2. au soir, *le Cœur du Scorpion* passa au méridien, l'horloge marquant 4ʰ. 2′. 0″.

Le 3. au matin l'horloge s'arresta, & fut ensuite remise en mouvement sans avoir égard à l'heure du Soleil.

Le 3. au soir, le bord Occidental de Mars passa au méridien, l'horloge marquant 11ʰ. 13′. 6″.

Le 4. au soir, le bord Occidental de Mars passa au méridien, l'horloge marquant 11ʰ. 7′. 52″.

Le 5. au soir le bord Occidental de Mars passa au méridien, l'horloge marquant 11ʰ. 2′. 54″.

Le 6. le centre du Soleil passa au méridien, l'horloge marquant 10ʰ. 37′. 27″.

Le 6. au soir, le bord Occidental de Mars passa au méridien, l'horloge marquant 10ʰ. 57′. 21″.

Le 7. au soir, la Fixe d'*Aquarius* marquée ε par Baïerus, & appellée *antecedens trium in vestimento apud manum dextram Aquarii*, passa au méridien, l'horloge marquant 8ʰ. 6′. 29″.

Le 7. au soir, *Phomahan* passa au méridien, l'horloge marquant 10ʰ. 9′. 19″.

Le 7. au soir, une Fixe qui précedoit Mars, dont la hauteur méridienne observée avec l'Octans, estoit de 74°. 12′. 35″. passa au méridien, l'horloge marquant 10ʰ. 28′. 52″.

Le 8. au soir, la Fixe d'*Aquarius*, marquée ε, cy-dessus observée, passa au mériden, l'horloge marquant 7ʰ. 56′. 17″.

Le 8. au soir, *Phomahan* passa au méridien, l'horloge marquant 10ʰ. 5′. 7″.

Le 8. au soir, la Fixe qui précedoit Mars, observée le jour précedent, passa au méridien, l'horloge marquant 10ʰ. 24′ 40″.

Le 8. au soir, le bord Occidental de Mars passa au méridien, l'horloge marquant 10ʰ. 46′. 48″.

Le 9. au soir, le bord Occidental de Mars passa au méridien, l'horloge marquant 10ʰ. 41′. 32″.

Le 10. au soir, la Fixe marquée ε dans *Aquarius*, passa au méridien, l'horloge marquant 7ʰ. 47′. 53″.

Le 10. au soir, la Fixe la plus claire de la teste de la Gruë passa au méridien, l'horloge marquant 8ʰ. 15′. 6″.

Le 10. au foir, *Phomahan* paſſa au méridien, l'horloge marquant 9ʰ. 56'. 44''.

Le 10. au foir, le bord Occidental de Mars paſſa au méridien, l'horloge marquant 10ʰ. 36'. 16''.

Le 11. l'horloge à pendule marquoit 11ʰ. 59'. 2''. lors que le bord Occidental du Soleil paſſa au méridien, & lors que le bord Oriental paſſa dans le méridien, elle marquoit 12ʰ. 1'. 10''.

Le filet qui ſervoit de méridien dans la Lunette de l'Octans, eſtoit pour lors fort proche du veritable méridien, comme on verra par les Obſervations ſuivantes.

Le 11. au foir, la Fixe marquée ε dans *Aquarius*, cy-devant obſervée, paſſa au méridien, l'horloge marquant 9ʰ. 6'. 47''.

Le 11. au foir voulant éprouver ſi l'Octans que j'avois placé dans le méridien par le moyen de la ligne méridienne dont j'ay parlé cy-deſſus, y eſtoit veritablement ou non, j'obſervay avec le quart de cercle du coſté d'Orient, *Phomahan* haut de 44°. 45'. 30''. ſur l'horiſon, l'horloge marquant 9ʰ. 22'. 48''. Cette Fixe paſſa en ſuite par le filet poſé verticalement dans la Lunette qui ſervoit de pinule à l'Octans, lequel filet je croyois dans le méridien, ou tres-prés d'iceluy, l'horloge marquant 11ʰ. 15'. 34''. Aprés quoy j'obſervay du coſté d'Occident la hauteur de la meſme Etoile ſur l'horiſon, laquelle eſtant de 44°. 45'. 0''. l'horloge marquoit 1ʰ. 9'. 38''. D'où il eſt aiſé de conclure que le filet marquant le méridien dans la Lunette de l'Octans, eſtoit trop détourné du coſté d'Orient de 39''. de temps; à quoy il faudra avoir égard pour corriger toutes les Obſervations précedentes du paſſage des Fixes & des Planettes au méridien, ſçachant leurs hauteurs ſur l'horiſon dans ce cercle vertical, où celle de *Phomahan* eſt de 53°. 44'. 45''.

J'avois auſſi trouvé le 10. Aouſt, par la meſme methode, que le filet vertical qui marquoit le méridien dans la Lunette ſervant de pinule, eſtoit trop tourné du coſté d'Orient de 28''. de temps; & il demeura dans cette ſituation juſques au 19. aprés midy qu'il fut détourné par accident.

Le 11. au foir, le bord Occidental de Mars paſſa au méridien, l'horloge marquant 11ʰ. 53'. 56''.

Le 12. le bord Occidental du Soleil paſſa au méridien, l'horloge marquant 11ʰ. 58'. 28''. & le bord Oriental à 12ʰ. 0'. 36''.

Le 12. au foir, la Fixe marquée ε dans *Aquarius*, cy-devant obſervée, paſſa au méridien, l'horloge marquant 9ʰ. 2'. 40''.

Le 12. au foir, le bord Occidental de Mars paſſa au méridien, l'horloge marquant 11ʰ. 49'. 46''.

Le 13. le bord Occidental du Soleil paſſa au méridien, l'horloge marquant

marquant 11ʰ. 53'. 53''. 30'''. & le bord Oriental à 12ʰ. 0'. 1''. 30'''.

Le 13. au soir, la Fixe d'*Aquarius* cy-dessus observée, & marquée ε, passa au méridien, l'horloge marquant 8ʰ. 58'. 37''.

Le 13. au soir, le bord Occidental de Mars passa au méridien, l'horloge marquant 11ʰ. 44'. 28''.

Le 14. le bord Occidental du Soleil passa au méridien, l'horloge marquant 11ʰ. 57'. 18''. & le bord Oriental à 11ʰ. 59'. 26''. 30'''.

Le 16. au soir, voulant sçavoir de combien l'Octans estoit éloigné du méridien, je le fixay & arrestay dans le vertical où il estoit fort prés du méridien, & j'observay du costé d'Orient avec le quart de cercle deux hauteurs de *Phomahan* sur l'horison, dont la première estoit de 47°. 16'. 30''. l'horloge marquant 9ʰ. 20'. 22''. La seconde de 48°. 15'. 40''. l'horloge marquant 9ʰ. 28'. 32''. & lors que cette Fixe passa dans le filet vertical de la pinule de cét instrument fixé & arresté comme nous avons dit, l'horloge marquoit 10ʰ. 56'. 28''.

J'observay ensuite du costé d'Occident, deux hauteurs de cette mesme Fixe sur l'horison avec le quart de cercle, lesquelles correspondoient, à quelques secondes prés, aux deux que j'avois faites lors qu'elle estoit du costé d'Orient, desquelles la première estoit de 48°. 15'. 50''. l'horloge marquant 12ʰ. 21'. 47''. & la seconde estoit de 47°. 16'. 15''. l'horloge marquant 12ʰ. 29'. 44''.

Il est aisé de voir par ces Observations que le filet vertical de la Lunette servant de pinule à cét instrument, estoit éloigné du vray méridien d'une minute dix-neuf à vingt secondes de temps du costé d'Occident, & pour l'y replacer le 17. je me servis de la methode suivante.

Sçachant que l'horloge à secondes retardoit tous les jours de 4'. 10''. de temps à l'égard du mouvement journalier des Fixes, comme on peut voir par les Observations suivantes, en ayant fait aussi quelques-unes auparavant avec le quart de cercle que j'avois fixé dans un Azimuth, où j'observois le passage de quelques Fixes lors qu'elles y passoient, ayant marqué par plusieurs jours consecutifs l'heure de l'horloge dans l'instant de ce passage, je conclûs que si l'Octans estoit demeuré dans le vertical où il estoit au temps de l'Observation de *Phomahan* le 16. de ce mois, lors que cette Fixe passa par le filet vertical de la Lunette qui luy servoit de pinule, que la mesme Fixe y passeroit le lendemain 17. l'horloge marquant 10ʰ. 52'. 18''. Mais dautant que ce mesme vertical estoit éloigné du vray méridien du costé d'Occident à la hauteur de *Phomahan*, lors qu'il passoit au méridien, de 1'. 20''. de temps, qui est la moitié de 2'. 40''. difference de temps entre les Observations

M

correſpondantes des hauteurs de *Phomahan* ſur l'horiſon, & ſon paſſage par le filet vertical de l'Octans poſé tres-prés du méridien : je conclûs derechef que cette meſme Fixe paſſeroit dans le vray méridien, l'horloge marquant 10ʰ. 50ʹ. 58ʺ. ce qu'eſtant le meſme jour 17. au ſoir, le paſſage de *Phomahan* au méridien s'approchant, je détournay l'Octans du coſté d'Orient, & mis le filet vertical de la Lunette qui luy ſervoit de pinule ſur cette Fixe, la ſuivant toûjours en faiſant tourner cét inſtrument, & tenant ce filet vertical ſur icelle, juſques à ce que l'horloge marquaſt 10ʰ. 50ʹ. 58ʺ. auquel inſtant je le fixay & arreſtay dans le vertical où il ſe trouva pour lors, lequel eſtoit le vray méridien ſuivant mon calcul, & les Obſervations que j'avois faites. J'eûs tres-grand ſoin que deſormais cét inſtrument ne fuſt plus remué, en ſçachant la conſequence pour les Obſervations ſuivantes.

Le 17. au ſoir, le bord Occidental de Mars paſſa au méridien, l'horloge marquant 11ʰ. 22ʹ. 51ʺ.

Le 18. le bord Occidental du Soleil paſſa au méridien, l'horloge marquant 11ʰ. 55ʹ. 55ʺ. & le bord Oriental à 11ʰ. 57ʹ. 13ʺ.

Le 18. au ſoir, le bord Occidental de Mars paſſa au méridien, l'horloge marquant 11ʰ. 17ʹ. 43ʺ.

Le 19. au matin, la Fixe *Rigel* paſſa au méridien, l'horloge marquant 5ʰ. 5ʹ. 17ʺ.

Le 19. au matin, la Fixe marquée dans *Orion* π, & appellée par Baïérus *ſub baltheo trium fulgentium præcedens*, paſſa au méridien, l'horloge marquant 5ʰ. 14ʹ. 28ʺ.

Le 19. au matin, la Fixe d'*Orion* marquée δ par Baïérus, & nommée *in baltheo fulgentium trium precedens*, paſſa au méridien, l'horloge marquant 5ʰ. 21ʹ. 43ʺ.

Le 19. au matin, la Fixe d'Orion marquée ε par Baïérus, laquelle eſt au milieu du baudrier, & nommée *Media*, paſſa au méridien, l'horloge marquant 5ʰ. 26ʹ. 1ʺ.

Le 19. au matin, la plus auſtrale des trois du baudrier d'Orion, marquée ζ par Baïérus, & nommée *Sequens*, paſſa au méridien, l'horloge marquant 5ʰ. 30ʹ. 36ʺ.

Le 19. au matin, la Fixe d'Orion marquée κ par Baïérus, & nommée *ad genu ſiniſtrum Orionis*, paſſa au méridien, l'horloge marquant 5ʰ. 38ʹ. 37ʺ.

Le 19. le bord Occidental du Soleil paſſa au méridien, l'horloge marquant 11ʰ. 54ʹ. 29ʺ. & le bord Oriental à 11ʰ. 56ʹ. 38ʺ.

Le 19. au ſoir, l'épaule droite d'*Aquarius* paſſa au méridien, l'horloge marquant 9ʰ. 17ʹ. 56ʺ.

Le 19. au soir, une Fixe dans *Pegaze*, marquée θ par Baïérus, & nommée *in capite duarum propinquarum borealior*, passa au méridien, l'horloge marquant 9ʰ. 57'. 18''. d.

Le 19. au soir, une Fixe dans *Aquarius*, marquée γ par Baïérus, passa au méridien, l'horloge marquant 10ʰ. 8'. 14''.

Le 19. au soir, *Phomahan* passa au méridien, l'horloge marquant 10ʰ. 42'. 40''.

Le 19. au soir, la plus boréale & la plus occidentale des trois petites Fixes, marquée ψ par Baïérus dans la constellation d'*Aquarius*, passa au méridien, l'horloge marquant 11ʰ. 2'. 40''.

Le 19. au soir, la Fixe du milieu des trois susdites Fixes, marquée ψ dans *Aquarius*, passa au méridien, l'horloge marquant 11ʰ. 4'. 13''.

Le 19. au soir, le bord Occidental de Mars passa au méridien, l'horloge marquant 11ʰ. 12'. 37''.

Le 20. au matin, la Fixe dans la constellation de l'Eridan, marquée β par Baïérus, & nommée *supra pedem Orionis in flumine prima*, passa au méridien, l'horloge marquant 4ʰ. 54'. 5''.

Le 20. au matin, la Fixe *Rigel* dans *Orion* passa au méridien, l'horloge marquant 5ʰ. 1'. 6''.

Le 20. au matin, la Fixe marquée η dans *Orion*, passa au méridien, l'horloge marquant 5ʰ. 10'. 18''.

Le 20. au matin, la Fixe marquée 𝔞 dans *Orion*, cy-dessus observée, passa au méridien, l'horloge marquant 5ʰ. 17'. 33''.

Le 20. au matin, la Fixe dans *Orion* marquée ε, passa au méridien, l'horloge marquant 5ʰ. 21'. 51''.

Le 20. au matin, la Fixe dans *Orion* marquée ξ, passa au méridien, l'horloge marquant 5ʰ. 26'. 25''.

Le 20. au matin, la Fixe dans *Orion* marquée κ, passa au méridien, l'horloge marquant 5ʰ. 34'. 17''.

Le 20. au matin, *Canis major* passa au méridien, l'horloge marquant 6ʰ. 32'. 41''.

Le 20. le bord Occidental du Soleil passa au méridien, l'horloge marquant 11ʰ. 53'. 55''. & le bord Oriental à 11ʰ. 56'. 3''. 30'''.

Le 20. au soir, une Fixe dans *Aquarius*, marquée ε par Baïérus, & nommée *antecedens trium in vestimento apud manum dextram*, passa au méridien, l'horloge marquant 8ʰ. 29'. 30''.

Le 20. au soir, la Fixe marquée β dans l'épaule droite d'*Aquarius*, passa au méridien, l'horloge marquant 9ʰ. 13'. 45''.

Le 20. au soir, la Fixe marquée θ dans *Pegaze*, passa au méridien, l'horloge marquant 9ʰ. 53'. 8''.

M ij

Le 20. au soir, la Fixe marquée γ dans *Aquarius*, passa au méridien, l'horloge marquant 10^h. 4'. 4''.

Le 20. au soir, la Fixe dans *Aquarius* marquée *n*, & nommée par Baïerus *Auftralior earum*, passa au méridien, l'horloge marquant 10^h. 17'. 45''.

Le 20. au soir, *Phomahan* passa au méridien, l'horloge marquant 10^h. 38'. 27''. 30'''.

Le 20. au soir, la plus boréale & la plus occidentale des trois petites Fixes dans *Aquarius*, marquées ψ par Baïerus, passa au méridien, l'horloge marquant 10^h. 58'. 30''. 30'''.

Le 20. au soir, celle des trois petites Fixes marquées ψ dans *Aquarius*, & qui passe la seconde au méridien, y passa, l'horloge marquant 11^h. 0'. 2''.

Le 20. au soir, le bord Occidental de Mars passa au méridien, l'horloge marquant 11^h. 7'. 30''.

Le 21. au matin, la Fixe de l'*Eridan*, marquée β, cy-dessus observée, passa au méridien, l'horloge marquant 4^h. 49'. 54''.

Le 21. au matin, *Rigel* passa au méridien, l'horloge marquant 4^h. 56'. 56''.

Le 21. au matin, la Fixe marquée *n* dans *Orion* par Baïerus, cy-dessus observée, passa au méridien, l'horloge marquant 5^h. 6'. 8''.

Le 21. au matin, la première du baudrier d'*Orion* marquée δ, passa au méridien, l'horloge marquant 5^h. 13'. 23''

Le 21. au matin, la seconde du baudrier d'*Orion* marquée ε par Baïerus, passa au méridien, l'horloge marquant 5^h. 17'. 40''.

Le 21. au matin, la troisiéme du baudrier d'*Orion*, marquée ξ par Baïerus, passa au méridien, l'horloge marquant 5^h. 22'. 17''.

Le 21. au matin, le genouïl gauche d'*Orion* passa au méridien, l'horloge marquant 5^h. 30'. 17''.

Le 21. au matin, *Canis major* passa au méridien, l'horloge marquant 6^h. 28'. 30''.

Le 21. le bord Occidental du Soleil passa au méridien, l'horloge marquant 11^h. 53'. 18''. & le bord Oriental à 11^h. 55'. 27''.

Le 21. au soir, la Fixe dans la teste de *Pegaze*, marquée θ par Baïerus, cy-devant observée, passa au méridien, l'horloge marquant 9^h. 48'. 58''.

Le 21. au soir, la Fixe dans *Aquarius*, marquée γ, cy-devant observée, passa au méridien, l'horloge marquant 9^h. 59'. 53''.

Le 21. au soir, la Fixe marquée π dans *Aquarius*, cy-devant observée, passa au méridien, l'horloge marquant 10^h. 3'. 41''.

Le 21. au soir, la Fixe marquée *n* dans *Aquarius*, cy-devant observée, passa au méridien, l'horloge marquant 10^h. 13'. 34''.

Le

Le 21. au soir, la premiére des trois petites Fixes marquées ⊥ dans *Aquarius*, passa au méridien, l'horloge marquant 10ʰ. 53'. 40''. & la seconde des mesmes Fixes, qui passe au méridien aprés la premiére, y passa, l'horloge marquant 10ʰ. 55'. 50''.

Le 21. au soir, le bord Occidental de Mars passa au méridien, l'horloge marquant 11ʰ. 2'. 24''.

Le 22. au matin, la Fixe de l'*Eridan* marquée β, cy-devant observée, passa au méridien, l'horloge marquant 4ʰ. 45'. 42''.

Le 22. au matin, *Rigel* passa au méridien, l'horloge marquant 4ʰ. 52'. 44''.

Le 22. au matin, la Fixe d'*Orion* marquée η, passa au méridien, l'horloge marquant 5ʰ. 1'. 58''.

Le 22. au matin, la Fixe d'*Orion* marquée δ, passa au méridien, l'horloge marquant 5ʰ. 9'. 11''.

Le 22. au matin, la Fixe d'*Orion* marquée ε, passa au méridien, l'horloge marquant 5ʰ. 13'. 28''.

Le 22. au matin, la Fixe d'*Orion* marquée ξ, passa au méridien, l'horloge marquant 5ʰ. 18'. 5''.

Le 22. au matin, le genouïl gauche d'*Orion* passa au méridien, l'horloge marquant 5ʰ. 26'. 5''.

Le 22. le bord Occidental du Soleil passa au méridien, l'horloge marquant 11ʰ. 52'. 41''. & le bord Oriental à 11ʰ. 54'. 50''.

Le 22. au soir, *Phomahan* passa au méridien, l'horloge marquant 10ʰ. 30'. 4''.

Le 22. au soir, la premiére des trois petites Fixes d'*Aquarius*, marquées ⊥, observée cy-devant, passa au méridien, l'horloge marquant 10ʰ. 49'. 28''. & la seconde à 10ʰ. 51'. 38''.

Le 22. au soir, le bord Occidental de Mars passa au méridien, l'horloge marquant 10ʰ. 57'. 20''.

Le 23. au matin, la Fixe marquée δ dans *Orion*, passa au méridien, l'horloge marquant 5ʰ. 5'. 57''.

Le 23. au matin, la Fixe marquée ε dans *Orion*, passa au méridien, l'horloge marquant 5ʰ. 9'. 14''.

Le 23. au matin, *Canis major* passa au méridien, l'horloge marquant 6ʰ. 20'. 5''.

Le 23. au soir, *Phomahan* passa au méridien, l'horloge marquant 10ʰ. 25'. 48''.

Le 23. au soir, le bord Occidental de Mars passa au méridien, l'horloge marquant 10ʰ. 52'. 16''.

Le 24. au matin, *Canis major* passa au méridien, l'horloge marquant 6ʰ. 15'. 49''.

N

Le 24. le bord Occidental du Soleil paſſa au méridien, l'horloge marquant 11ʰ. 51′. 23″. & le bord Oriental à 11ʰ. 53′. 31″.

Le 24. au ſoir, *la teſte de Pegaze* marquée θ, paſſa au méridien, l'horloge marquant 9ʰ. 36′. 17″.

Le 24. au ſoir, la Fixe d'*Aquarius* marquée γ, cy-devant obſervée, paſſa au méridien, l'horloge marquant 9ʰ. 47′. 12″.

Le 24. au ſoir, la Fixe d'*Aquarius* marquée π, paſſa au méridien, l'horloge marquant 9ʰ. 50′. 58″.

Le 24. au ſoir, la Fixe d'*Aquarius* marquée η, paſſa au méridien, l'horloge marquant 10ʰ. 0′. 52″.

Le 24. au ſoir, *Phomahan* paſſa au méridien, l'horloge marquant 10ʰ. 21′. 33″.

Le 24. au ſoir, la première & la plus Occidentale des trois petites Fixes d'*Aquarius* marquées ψ par Baïérus, paſſa au méridien, l'horloge marquant 10ʰ. 40′. 56″. & la ſeconde à 10ʰ. 43′. 5″.

Le 24. au ſoir, le bord Occidental de Mars paſſa au méridien, l'horloge marquant 10ʰ. 47′. 13″.

Le 25. au matin, la Fixe d'*Aquarius* marquée β par Baïérus, cy-devant obſervée, paſſa au méridien, l'horloge marquant 4ʰ. 33′. 0″.

Le 25. au matin, *Rigel* paſſa au méridien, l'horloge marquant 4ʰ. 40′. 2″.

Le 25. au matin, η d'*Orion* paſſa au méridien, l'horloge marquant 4ʰ. 49′. 16″.

Le 25. au matin, λ d'*Orion* paſſa au méridien, l'horloge marquant 4ʰ. 56′. 30″.

Le 25. au matin, ε d'*Orion* paſſa au méridien, l'horloge marquant 5ʰ. 0′. 46″.

Le 25. au matin, ξ d'*Orion* paſſa au méridien, l'horloge marquant 5ʰ. 5′. 23″.

Le 25. au matin, le genouïl gauche d'*Orion* paſſa au méridien, l'horloge marquant 5ʰ. 13′. 23″.

Le 25. au matin, *Canis major* paſſa au méridien, l'horloge marant 6ʰ. 11′. 34″.

Le 25. le bord Occidental du Soleil paſſa au méridien, l'horloge marquant 11ʰ. 50′. 44″. & le bord Oriental à 11ʰ. 52′. 52″.

Le 25. au ſoir, θ de *Pegaze* paſſa au méridien, l'horloge marquant 9ʰ. 32′. 1″.

Le 25. au ſoir, γ d'*Aquarius* paſſa au méridien, l'horloge marquant 9ʰ. 42′. 56″.

Le 25. au ſoir, π d'*Aquarius* paſſa au méridien, l'horloge marquant 9ʰ. 46′. 43″.

Le 25. au soir, η d'*Aquarius* passa au méridien, l'horloge marquant 9^h. 56'. 36''.

Le 26. au matin, β de l'*Eridan* cy-devant observée, passa au méridien, l'horloge marquant 4^h. 28'. 45''.

Le 26. au matin, *Rigel* passa au méridien, l'horloge marquant 4^h. 35'. 46''.

Le 26. au matin, η d'*Orion* passa au méridien, l'horloge marquant 4^h. 45'. 0''.

Le 26. au matin, ℓ d'*Orion* passa au méridien, l'horloge marquant 4^h. 52'. 14''.

Le 26. au matin, ε d'*Orion* passa au méridien, l'horloge marquant 4^h. 56'. 30''.

Le 26. au matin, ξ d'*Orion* passa au méridien, l'horloge marquant 5^h. 1'. 7''.

Le 26. au matin, le genouïl gauche d'*Orion* passa au méridien, l'horloge marquant 5^h. 9'. 8''.

Le 26. au matin, *Canis major* passa au méridien, l'horloge marquant 6^h. 7'. 18''.

Le 26. le bord Occidental du Soleil passa au méridien, l'horloge marquant 11^h. 50'. 5''. & le bord Oriental à 11^h. 52'. 13''. 30'''.

Le 26. *Phomahan* passa au méridien, l'horloge marquant au soir 10^h. 13'. 5''.

Le 26. au soir, la première des trois petites Fixes marquées ↲ dans *Aquarius*, cy-devant observée, passa au méridien, l'horloge marquant 10^h. 32'. 28''. & la seconde à 10^h. 37'. 19''.

Le 27. le bord Occidental du Soleil passa au méridien, l'horloge marquant 11^h. 49'. 28''. & le bord Oriental à 11^h. 51'. 36''.

Le 27. au soir, *Phomahan* passa au méridien, l'horloge marquant 10^h. 8'. 51''.

Le 27. au soir, la première des trois petites Fixes d'*Aquarius* marquée ↲, passa au méridien, l'horloge marquant 10^h. 28'. 13''. & la seconde à 10^h. 30'. 22''.

Le 27. au soir, le bord Occidental de Mars passa au méridien, l'horloge marquant 10^h. 32'. 25''.

Le 28. le bord Occidental du Soleil passa au méridien, l'horloge marquant 11^h. 48'. 50''. & le bord Oriental à 11^h. 50'. 57''. 30'''.

Le 28. au soir, *Phomahan* passa au méridien, l'horloge marquant 10^h. 4'. 36''.

Le 28. au soir, la première des trois petites Fixes dans *Aquarius*, marquées ↲, passa au méridien, l'horloge marquant 10^h. 23'. 58''. & la seconde à 10^h. 26'. 6''.

N ij

Le 28. au foir, le bord Occidental de Mars paſſa au méridien, l'horloge marquant 10ʰ. 27′. 33″.

Le 29. le bord Occidental du Soleil paſſa au méridien, l'horloge marquant 11ʰ. 48′. 12″. & le bord Occidental à 11ʰ. 50′. 18″.

Le 30. le bord Occidental du Soleil paſſa au méridien, l'horloge marquant 11ʰ. 47′. 35″. & le bord Oriental à 11ʰ. 49′. 43″.

Le 30. au foir, le bord Occidental de la tache de la Lune appellée *Mare Criſium*, paſſa au méridien, l'horloge marquant 7ʰ. 23′. 37″.

Octobre.

Le 1. le bord Occidental du Soleil paſſa au méridien, l'horloge marquant 11ʰ. 46′. 59″. & le bord Oriental à 11ʰ. 49′. 8″.

Le 1. au foir, la tache de la Lune appellée *Mare Criſium*, paſſa au méridien, l'horloge marquant 8ʰ. 10′. 36″.

Le 1. au foir, la première des trois petites Fixes d'*Aquarius* marquées ↓, cy-devant obſervée, paſſa au méridien, l'horloge marquant 10ʰ. 11′. 14″. Mars paſſa en ſuite au méridien, l'horloge marquant 10ʰ. 13′. 21″. & la ſeconde des trois petites d'*Aquarius*, marquée ↓, cy-devant obſervée, paſſa au méridien, l'horloge marquant 10ʰ. 13′. 28″.

Le 2. le bord Occidental du Soleil paſſa au méridien, l'horloge marquant 11ʰ. 46′. 24″. & le bord Oriental à 11ʰ. 48′. 31″.

Le 2. au foir, le bord Occidental de la tache de la Lune appellée *Mare Criſium*, paſſa au méridien, l'horloge marquant 8ʰ. 55′. 54″.

Le 2. au foir, *Phomahan* paſſa au méridien, l'horloge marquant 9ʰ. 47′. 45″.

Le 2. au foir, la première & plus Occidentale des trois petites Fixes d'*Aquarius*, marquées ↓ dans Baïerus, cy-devant obſervée, paſſa au méridien, l'horloge marquant 10ʰ. 7′. 0″.

Le bord Occidental de Mars paſſa en ſuite au méridien, l'horloge marquant 10ʰ. 8′. 38″. & la ſeconde des trois petites d'*Aquarius* marquées ↓, paſſa au méridien aprés Mars, l'horloge marquant 10ʰ. 9′. 38″.

Le 3. le bord Occidental du Soleil paſſa au méridien, l'horloge marquant 11ʰ. 45′. 46″. & le bord Oriental à 11ʰ. 47′. 54″.

Le 4. le bord Occidental du Soleil paſſa au méridien, l'horloge marquant 11ʰ. 45′. 9″. & le bord Oriental à 11ʰ. 47′. 17″.

Le 4. au foir, *Phomahan* paſſa au méridien, l'horloge marquant 9ʰ. 39′. 25″.

Le 4. au foir, la première & la plus Occidentale des trois Fixes d'*Aquarius* marquées ↓, paſſa au méridien, l'horloge marquant 9ʰ. 58′. 54″. le bord Occidental de Mars paſſa en ſuite au méridien,

l'horloge

l'horloge marquant 9ʰ. 59ʹ. 38ʺ. & la feconde des trois petites Fixes d'*Aquarius* marquées ↓, paffa au méridien aprés Mars, l'horloge marquant 10ʰ. 0. 44ʺ.

Le 4. au foir, le bord Occidental de la tache de la Lune appellée *Mare Crifium*, paffa au méridien, l'horloge marquant 10ʰ. 24ʹ. 20ʺ.

Le 5. le bord Occidental du Soleil paffa au méridien, l'horloge marquant 11ʰ. 44ʹ. 33ʺ. & le bord Oriental à 11ʰ. 46ʹ. 41ʺ.

Le 5. au foir, la première des trois Fixes marquées ↓ dans *Aquarius*, paffa au méridien, l'horloge marquant 9ʰ. 54ʹ. 21ʺ.

Le bord Occidental de Mars paffa en fuite au méridien, l'horloge marquant 9ʰ. 55ʹ. 1ʺ. la feconde des petites Fixes d'*Aquarius* marquées ↓, paffa au méridien aprés Mars, l'horloge marquant 9ʰ. 56ʹ. 31ʺ.

Le 5. au foir, le bord Occidental de la tache de la Lune appellée *Mare Crifium*, paffa au méridien, l'horloge marquant 11ʰ. 9ʹ. 32ʺ.

Le 6. le bord Occidental du Soleil paffa au méridien, l'horloge marquant 11ʰ. 43ʹ. 57ʺ. & le bord Oriental à 11ʰ. 46ʹ. 6ʺ.

Le 6. au foir, *Phomahan* paffa au méridien, l'horloge marquant 9ʰ. 30ʹ. 50ʺ.

Le 6. au foir, la première des trois d'*Aquarius* marquées ↓, paffa au méridien, l'horloge marquant 9ʰ. 50ʹ. 6ʺ.

Le bord Occidental de Mars paffa en fuite au méridien, l'horloge marquant 9ʰ. 51ʹ. 21ʺ. & la feconde des petites Fixes marquées ↓ dans *Aquarius*, paffa au méridien aprés Mars, l'horloge marquant 9ʰ. 52ʹ. 16ʺ.

Le 7. le bord Occidental du Soleil paffa au méridien, l'horloge marquant 11ʰ. 45ʹ. 28ʺ.

Le 7. au foir, *Phomahan* paffa au méridien, l'horloge marquant 9ʰ. 26ʹ. 35ʺ.

Le 7. au foir, la première des trois Fixes d'*Aquarius* marquées ↓, paffa au méridien, l'horloge marquant 9ʰ. 45ʹ. 45ʺ.

Le bord Occidental de Mars paffa enfuite au méridien, l'horloge marquant 9ʰ. 46ʹ. 58ʺ. & la feconde des trois Fixes d'*Aquarius* marquées ↓, paffa au méridien, l'horloge marquant 9ʰ. 47ʹ. 55ʺ.

Le 8. le bord Occidental du Soleil paffa au méridien, l'horloge marquant 11ʰ. 42ʹ. 41ʺ. & le bord Oriental à 11ʰ. 44ʹ. 50ʺ.

Le 9. le quart de cercle eftant tourné du cofté du midy fut mis dans le méridien, ayant touché avec le filet vertical de la Lunette qui luy fert de pinule, le bord Oriental du Soleil, en mefme temps que celuy de l'Octans qui eftoit placé dans le méridien, & il fut fixé & arrefté en cette fituation.

O

Le 9. au foir, la premiére des trois Fixes d'*Aquarius* marquées ↓, paffa au méridien, l'horloge marquant 9ʰ. 37′. 13″. le bord Occidental de Mars paffa enfuite au méridien, l'horloge marquant 9ʰ. 39′. 25″. la feconde des Fixes d'*Aquarius* marquées ↓, paffa aprés Mars au méridien, l'horloge marquant 9ʰ. 39′. 23″.

Le 10. le quart de cercle fut trouvé conforme dans le méridien à l'Octans, qui fut en fuite tourné du cofté du Septentrion, pour obferver les hauteurs méridiennes de plufieurs Fixes.

Le 13. au foir, la claire de la tefte de la *Gruë* de la deuxiéme grandeur, & dont la hauteur méridienne eftoit de 46. 13′. 20″. obfervée avec le quart de cercle, paffa au méridien, l'horloge marquant 7ʰ. 54′. 40″.

Le 13. au foir, la Fixe dans l'aifle gauche de la *Gruë*, qui eft de la deuxiéme grandeur, & dont la hauteur méridienne eftoit de 36′. 35′. 15. obfervée avec le quart de cercle, paffa au méridien, l'horloge marquant 8ʰ. 7′. 54″.

Le 13. au foir, la premiére des deux petites Fixes qui font dans le col de la *Gruë*, laquelle eft de la quatriéme grandeur, & dont la hauteur méridienne eftoit de 39°. 57′. 10. obfervée avec le quart de cercle, paffa au méridien, l'horloge marquant 8ʰ. 30′. 30″.

Le 13. au foir, une Fixe dans l'eftomac de la *Gruë*, laquelle eft de la deuxiéme grandeur, & dont la hauteur méridienne obfervée avec le quart de cercle, eftoit de 36°. 31′. 20″. ou 25″. paffa au méridien, l'horloge marquant 8ʰ. 43′. 21″.

Le 13. au foir, la plus claire des trois qui font à la queuë de la *Gruë*, laquelle eft de la troifiéme grandeur, & dont la hauteur méridienne obfervée avec le quart de cercle, eftoit de 32°. 4′. 50″. paffa au méridien, l'horloge marquant 8ʰ. 48′. 53″.

Le 14. au foir, la claire de la tefte de la *Gruë*, cy-deffus obferfervée, paffa au méridien, l'horloge marquant 7ʰ. 50′. 18″.

Le 14. au foir, la Fixe dans l'aifle gauche de la *Gruë*, cy-deffus obfervée, paffa au méridien, l'horloge marquant 8ʰ. 3′. 32″.

Le 14. au foir, la Fixe qui paffe la premiére au méridien des deux petites qui font dans le col de la *Gruë*, cy‑devant obfervée, paffa au méridien, l'horloge marquant 8ʰ. 25′. 38″.

Le 14. au foir, la feconde des deux Fixes de la quatriéme grandeur qui font dans le col de la *Gruë*, dont la hauteur méridienne obfervée avec le quart de cercle, eftoit de 39°. 40′. 30″. paffa au méridien, l'horloge marquant 8ʰ. 26′. 7″.

Le 15. au foir, la claire de la tefte de la *Gruë*, cy‑deffus obfervée, paffa au méridien, l'horloge marquant 7ʰ. 45′. 56″.

Le 15. au foir, la Fixe dans l'aifle gauche de la *Gruë*, cy-deffus obfervée, paffa au méridien, l'horloge marquant 7ʰ. 59'. 10''.

Le 15. au foir, la premiére des deux petites Fixes qui font dans le col de la *Grüe*, obfervée le 13. de ce mois, paffa au méridien, l'horloge marquant 8ʰ. 21'. 16''.

Le 15. au foir, la feconde des mefmes Fixes obfervée le 14. paffa au méridien, l'horloge marquant 8ʰ. 21'. 46''.

Le 15. au foir, la Fixe dans la poitrine de la *Grüe* obfervée le 13. paffa au méridien, l'horloge marquant 8ʰ. 34'. 37''.

Le 15. au foir, la plus claire des trois de la queuë de la *Grüe*, obfervée le 13. de ce mois, paffa au méridien, l'horloge marquant 8ʰ. 40'. 9''.

Le 15. au foir, *Phomahan* paffa au méridien, l'horloge marquant 8ʰ. 51'. 20''.

Le 15. au foir, une Fixe dans l'aifle droite de la *Grüe*, qui eft de la quatriéme grandeur, & dont la hauteur méridienne obfervée avec le quart de cercle, eftoit de 38°. 6'. 0''. paffa au méridien, l'horloge marquant 9ʰ. 3'. 15''.

Le 15. au foir, le bord Occidental de Mars paffa au méridien, l'horloge marquant 9ʰ. 11'. 17''.

Le 16. au matin, *Canopus* qui eft de la premiére grandeur paffa au méridien, l'horloge marquant 4ʰ. 26'. 58''.

Le 16. au matin, *Canis major* paffa au méridien, l'horloge marquant 4ʰ. 41'. 18''.

Le 16. au foir, la claire de la tefte de la *Grüe* obfervée le 13 de ce mois, paffa au méridien, l'horloge marquant 7ʰ. 41'. 34''.

Le 16. au foir, la plus claire des trois de la queuë de la *Grüe* obfervée le 13. de ce mois paffa au méridien, l'horloge marquant 7ʰ. 54'. 48''.

Le 16. au foir, la premiére des deux petites qui font dans le col de la *Grüe*, obfervée le 13. de ce mois, paffa au méridien, l'horloge marquant 8ʰ. 16'. 54''. & la feconde obfervée le 14. de ce mois à 8ʰ. 17'. 24''.

Le 16. au foir, la Fixe dans la poitrine de la *Grüe* obfervée le 13. de ce mois, paffa au méridien, l'horloge marquant 8ʰ. 30'. 15''.

Le 16. au foir, la plus claire des trois qui font dans la queuë de la *Grüe* obfervée le 13. de ce mois, paffa au méridien, l'horloge marquant 8ʰ. 35'. 47''.

Le 17. au matin, *Canopus* paffa au méridien, l'horloge marquant 4ʰ. 22'. 37''.

Le 17. au matin, *Canis major* paffa au méridien, l'horloge marquant 4ʰ. 36'. 57''.

Le 17. au matin, la Fixe de *Canis major* marquée par Baïérus 1,

& nommée *in femore dextro pofteriori Borealior*, paſſa au méridien,
l'horloge marquant 4ʰ. 51′. 51″.

Le 17. au matin, la Fixe marquée ♌ dans *Canis major*, & nommée par Baïérus *in dorſo ſuperior*, paſſa au méridien, l'horloge marquant 5ʰ. 1′. 10″.

Le 17. au matin, la Fixe marquée par Baïérus ϗ dans *Canis major*, & nommée *in dorſo inferior*, paſſa au méridien, l'horloge marquant 5ʰ. 17′. 9″.

Le 17. au ſoir, la Fixe de la *Gruë*, qui eſt la claire de ſa teſte,
obſervée le 13. de ce mois, paſſa au méridien, l'horloge marquant
7ʰ. 37′. 12″.

Le 17. au ſoir, la Fixe dans l'aiſle gauche de la *Gruë* obſervée le 13.
de ce mois, paſſa au méridien, l'horloge marquant 7ʰ. 50′. 26″.

Le 17. au ſoir, la premiére de deux petites qui ſont dans le col
de la *Gruë* obſervée le 13. de ce mois, paſſa au méridien, l'horloge
marquant 8ʰ. 12′. 32″. la ſeconde des meſmes Fixes paſſa au méridien, l'horloge marquant 8ʰ. 13′. 2″.

Le 17. au ſoir, la Fixe dans la poitrine de la *Gruë* obſervée le
13. de ce mois, paſſa au méridien, l'horloge marquant 8ʰ. 25′.
52″.

Le 17. au ſoir, la plus claire des trois qui ſont à la queuë de
la *Gruë*, paſſa au méridien, l'horloge marquant 8ʰ. 31′. 22″.

Le 17. au ſoir, *Phomahan* paſſa au méridien, l'horloge marquant
8ʰ. 42′. 36″.

Le 17. au ſoir, la Fixe de l'aiſle droite de la *Gruë* obſervée le 15.
de ce mois, paſſa au méridien, l'horloge marquant 8ʰ. 54′.
33″.

Le 17. au ſoir, le bord Occidental de Mars paſſa au méridien,
l'horloge marquant 9ʰ. 3′. 14″.

Le 18. au matin, *Canopus* paſſa au méridien, l'horloge marquant
4ʰ. 18′. 16″.

Le 18. au matin, *Canis major* paſſa au méridien, l'horloge marquant 4ʰ. 32′. 36″.

Le 18. au matin, une Fixe dans la conſtellation du *Canis major*,
marquée par Baïérus ε, paſſa au méridien, l'horloge marquant 4ʰ.
47′. 30″.

Le 18. au matin, la Fixe marquée ♌ par Baïérus dans la conſtellation du *Canis major*, paſſa au méridien, l'horloge marquant 4ʰ.
56′. 50″.

Le 18. au matin, la Fixe marquée ϗ par Baïérus dans la conſtellation du *Canis major*, paſſa au méridien, l'horloge marquant 5ʰ.
12′. 49″.

Le

Le 18. au soir, la claire de la teste de la *Gruë* observée le 13. de ce mois, passa au méridien, l'horloge marquant 7ʰ. 32'. 52".

Le 18. au soir, la Fixe dans l'aisle gauche de la *Gruë* observée le 13. de ce mois, passa au méridien, l'horloge marquant 7ʰ. 46'. 5".

Le 18. au soir, la première des deux petites Fixes qui sont dans le col de la *Gruë*, passa au méridien, l'horloge marquant 8ʰ. 8'. 11". & la seconde à 8ʰ. 8'. 41".

Le 18. au soir, la Fixe dans la poitrine de la *Gruë* observée le 13. de ce mois, passa au méridien, l'horloge marquant 8ʰ. 21'. 31".

Le 18. au soir, la plus claire des trois qui sont dans la queuë de la *Gruë* observée le 13. de ce mois, passa au méridien, l'horloge marquant 8ʰ. 27'. 0".

Le 18. au soir, *Phomahan* passa au méridien, l'horloge marquant 8ʰ. 38'. 15".

Le 18. au soir, la Fixe qui est dans l'aisle droite de la *Gruë* observée le 15. de ce mois, passa au méridien, l'horloge marquant 8ʰ. 50'. 12".

Le 18. au soir, le bord Occidental de Mars passa au méridien, l'horloge marquant 8ʰ. 59'. 18".

Le 19. au matin, *Canopus* passa au méridien, l'horloge marquant 4ʰ. 13'. 54".

Le 19. au matin, *Canis major* passa au méridien, l'horloge marquant 4ʰ. 43'. 11".

Le 19. au matin, la Fixe dans la constellation de *Canis major* marquée ♌ par Baïerus, passa au méridien, l'horloge marquant 4ʰ. 52'. 30".

Le 19. au matin, η de *Canis major* passa au méridien, l'horloge marquant 5ʰ. 8'. 29".

Le 19. au soir, *Phomahan* passa au méridien, l'horloge marquant 8ʰ. 33'. 55".

Le 19. au soir, le bord Occidental de Mars passa au méridien, l'horloge marquant 8ʰ. 55'. 24".

Le 20. au matin, *Canopus* passa au méridien, l'horloge marquant 4ʰ. 9'. 34".

Le 20. au matin, *Canis major* passa au méridien, l'horloge marquant 4ʰ. 23'. 54".

Le 20. au matin, ε de *Canis major* passa au méridien, l'horloge marquant 4ʰ. 38'. 51".

Le 20. au matin, ♌ de *Canis major* passa au méridien, l'horloge marquant 4ʰ. 48'. 10".

Le 20. au matin, η de *Canis major* passa au méridien, l'horloge marquant 5ʰ. 4'. 9".

P

Le 20. au soir, la claire de la teste de la *Gruë* observée le 13. de ce mois passa au méridien, l'horloge marquant 7^h. 24'. 12''.

Le 20. au soir, le bord Occidental de Mars passa au méridien, l'horloge marquant 8^h. 51'. 30''.

Le 20. au soir, la Fixe dans l'extrémité du fleuve Eridan, appellée *Acarnar*, passa au méridien, l'horloge marquant 11^h. 13'. 57''.

Une autre Fixe de la deuxiéme grandeur qui suivoit *Acarnar*, passant au méridien, & dont la hauteur observée avec le quart de cercle, estoit de 21°. 57'. 20''. passa le 20. au soir au méridien, l'horloge marquant 11^h. 36'. 36''. Cette Fixe est la teste de l'hydre.

Le 20. au matin, *Canopus* passa au méridien, l'horloge marquant 4^h. 5'. 14''.

Le 21. au matin, *Canis major* passa au méridien, l'horloge marquant 4^h. 19'. 24''.

Le 21. au matin, ε de *Canis major* passa au méridien, l'horloge marquant 4^h. 34'. 31''.

Le 21. au matin, η de *Canis major* passa au méridien, l'horloge marquant 4^h. 43' 50''.

Le 21. au matin, ι de *Canis major* passa au méridien, l'horloge marquant 4^h. 59. 49''.

Le 21. au soir, *Phomahan* passa au méridien, l'horloge marquant 8^h. 25'. 15''.

Le 21. au soir, le bord Occidental de Mars passa au méridien, l'horloge marquant 8^h. 47'. 40''.

Le 22. au matin, *Canopus* passa au méridien, l'horloge marquant 4^h. 0'. 54''.

Le 22. au matin, *Canis major* passa au méridien, l'horloge marquant 4^h. 15'. 4''.

Le 22. au soir, *Phomahan* passa au méridien, l'horloge marquant 8^h. 20'. 55''.

Le 22. au soir, Mars passa au méridien, l'horloge marquant 8^h. 43'. 52''.

Le 22. au soir, *Acarnar* passa au méridien, l'horloge marquant 11^h. 5'. 17''.

Le 22. au soir, une Fixe au dessous d'*Acarnar* cy-dessus observée, & dont la hauteur méridienne observée avec le quart de cercle le 20. de ce mois, estoit de 21°. 57'. 20''. passa au méridien, l'horloge marquant 11^h. 27'. 56''. Cette Fixe est la teste de l'hydre.

Le 23. au soir, *Phomahan* passa au méridien, l'horloge marquant 8^h. 16'. 35''.

Le 23. au soir, le bord Occidental de Mars passa au méridien, l'horloge marquant 8^h. 40'. 10''.

Le 23. au foir, *Acarnar* paſſa au méridien, l'horloge marquant 11^h. o'. 5''.

Le 23. au foir, la claire qui ſuit *Acarnar*, laquelle eſt la teſte de l'hydre cy-deſſus obſervée le 20. & 22. de ce mois, paſſa au méridien, l'horloge marquant 11^h. 23'. 36''.

Le 25. au foir, *Phomahan* paſſa au méridien, l'horloge marquant 8^h. 7'. 53''.

Le 25. au foir, Mars paſſa au méridien, l'horloge marquant 8^h. 32'. 53''.

Le 25. au foir, *Acarnar* paſſa au méridien, l'horloge marquant 10^h. 52'. 36''.

Le 25. au foir, la Fixe qui ſuit *Acarnar* cy-deſſus obſervée, laquelle eſt la teſte de l'hydre, paſſa au méridien, l'horloge marquant 11^h. 19'. 25''.

Le 28. au foir, le bord Occidental de la tache de la Lune appellée *Mare Criſium*, paſſa au méridien, l'horloge marquant 5^h. 51'. 18''.

Le 28. au foir, une Fixe dans le col de la *Gruë*, dont la hauteur eſtoit avec le quart de cercle de 44°. 2'. 40''. & qui eſt de la quatriéme grandeur, paſſa au méridien, l'horloge marquant 7^h. o'. 49''.

Le 28. au foir, la premiére des deux petites Fixes du col de la *Gruë*, cy-deſſus obſervée pluſieurs fois, paſſa au méridien, l'horloge marquant 7^h. 23'. 40''. & la feconde paſſa au méridien à 7^h. 24'. 10''.

Le 28. au foir, une autre Fixe de la *Gruë* de la quatriéme grandeur, paſſa au méridien, l'horloge marquant 8^h. 2'. 2''.

Le 28. au foir, le bord Occidental de Mars paſſa au méridien, l'horloge marquant 8^h. 22'. 4''.

Le 28. au foir, le bord Occidental de Saturne paſſa au méridien, l'horloge marquant 9^h. 5'. 29''.

Le 28. au foir, une Fixe de la conſtellation du *Phœnix* paſſa au méridien, l'horloge marquant 9^h. 24'. 48''. Cette Fixe eſt de la troiſiéme grandeur, & ſa hauteur méridienne obſervée avec le quart de cercle, eſtoit de 39°. 36'. 20''.

Le 28. au foir, une Fixe de la meſme conſtellation du *Phœnix* de la deuxiéme grandeur, dont la hauteur méridienne obſervée avec le quart de cercle, eſtoit de 41°. o'. 40''. paſſa au méridien, l'horloge marquant 9^h. 24'. 57''.

Le 29. au foir, le bord Occidental de la tache de la Lune appellée *mare Criſium*, paſſa au méridien, l'horloge marquant 6^h. 36'. 33''.

Le 29. au foir, le bord Occidental de Mars paſſa au méridien, l'horloge marquant 8^h. 18'. 46''.

Le 29. au foir, la Fixe du *Phœnix* obfervée le 28. de ce mois, laquelle eft de la troifiéme grandeur, paffa au méridien, l'horloge marquant 9ʰ. 20′. 26″.

Le 29. au foir, une autre Fixe de la mefme conftellation du *Phœnix*, laquelle eft de la deuxiéme grandeur, & dont la hauteur méridienne obfervée avec le quart de cercle, eftoit de 41°. 0′. 40″. paffa au méridien, l'horloge marquant 9ʰ. 20′. 34″.

Le 29. au foir, une Fixe de la troifiéme grandeur, laquelle eft de la conftellation du *Toucan*, & dont la hauteur méridienne obfervée avec le quart de cercle, eftoit de 20°. 20′. 50″. paffa au méridien, l'horloge marquant 9ʰ. 23′. 45″.

Le 29. au foir, une Fixe de la conftellation du *Phœnix*, laquelle eft de la quatriéme grandeur, & dont la hauteur méridienne eftoit de 25°. 50′. 10″. obfervée avec le quart de cercle, paffa au méridien, l'horloge marquant 9ʰ. 36′. 36″.

Le 29. au foir, une Fixe de la conftellation du *Phœnix*, laquelle eft de la troifiéme grandeur, & dont la hauteur méridienne obfervée avec le quart de cercle, eftoit de 36°. 36′. 30″. paffa au méridien, l'horloge marquant 10ʰ. 0′. 29″.

Le 29. au foir, une autre Fixe de la conftellation du *Phœnix*, laquelle eft de la troifiéme grandeur, & dont la hauteur méridienne obfervée avec le quart de cercle, eftoit de 40°. 5′. 30″. paffa au méridien, l'horloge marquant 10ʰ. 23′. 23″.

Le 29. au foir, *Acarnar* paffa au méridien, l'horloge marquant 10ʰ. 33′. 40″.

Le 29. au foir, la Fixe de l'*Eridan* marquée ψ par Baïérus, & appellée *penultima fluvii*, paffa au méridien, l'horloge marquant 10ᵏ. 51′. 40″.

Le 29. au foir, la tefte de l'*hydre auftrale* paffa au méridien, l'horloge marquant 10ʰ. 55′. 40″.

Le 29. au foir, la Fixe de l'*Eridan* marquée φ par Baïérus, & nommée *antepenultima fluvii*, paffa au méridien l'horloge marquant 11ʰ. 13′. 18″.

Le 29. au foir, la Fixe de l'*Eridan*, marquée ϰ par Baïérus, & nommée *Auftralior*, &c. paffa au méridien, l'horloge marquant 11ʰ. 23′. 48″.

Le 30. au foir, le bord Occidental de la tache de la Lune appellée *Mare Crifium*, paffa au méridien, l'horloge marquant 7ʰ. 20′. 28″.

Le 30. au foir, *Phomahan* paffa au méridien, l'horloge marquant 7ʰ. 45′. 42″.

Le 30. au foir, le bord Occidental de Mars paffa au méridien, l'horloge marquant 8ʰ. 15′. 30″.

Le

Le 30. au foir, le bord Occidental de Saturne paſſa au méri-dien, l'horloge marquant 8ʰ. 56'. 31''.

Le 30. au foir, la Fixe du *Phœnix* cy-devant obfervée, & dont la hauteur méridienne eſtoit de 39°. 36'. 20''. paſſa au méridien, l'horloge marquant 9ʰ. 16'. 2''.

Le 30. au foir, une autre Fixe de la conſtellation du *Phœnix*, dont la hauteur méridienne eſtoit de 41°. 0'. 30''. ainſi que nous avons dit cy-deſſus, paſſa au méridien, l'horloge marquant 9ʰ. 16'. 12''.

Le 30. au foir, *Acarnar* paſſa au méridien, l'horloge marquant 10ʰ. 29'. 6''.

Le 30. au foir, la Fixe dans l'*Eridan*, appellée *penultima fluvii*, paſſa au méridien, l'horloge marquant 10ʰ. 47'. 20''.

Le 30. au foir, la teſte de l'*hydre auſtrale* paſſa au méridien, l'hor-loge marquant 10ʰ. 51'. 20''.

Le 31. au foir, *Phomahan* paſſa au méridien, l'horloge marquant 7ʰ. 41'. 20''.

Le 31. au foir, le bord Occidental de la tache de la Lune appellée *Mare Criſium*, paſſa au méridien, l'horloge marquant 8ʰ. 3'. 57''.

Le 31. au foir, le bord Occidental de Mars paſſa au méridien, l'horloge marquant 8ʰ. 3'. 57''.

Le 31. au foir, le bord Occidental de Saturne paſſa au méridien, l'horloge marquant 8ʰ. 51'. 57''.

Novembre.

Le 1. au matin, *Canopus* paſſa au méridien, l'horloge mar-quant 3ʰ. 15'. 57''.

Le 1. au matin, *Canis major* paſſa au méridien, l'horloge mar-quant 3ʰ. 32'. 2''.

Le 1. au foir, *Phomahan* paſſa au méridien, l'horloge marquant 7ʰ. 37'. 0''.

Le 1. au foir, le bord Occidental de Mars paſſa au méridien, l'horloge marquant 8ʰ. 8'. 10''.

Le 1. au foir, le bord Occidental de Saturne paſſa au méridien, l'horloge marquant 8ʰ. 47'. 24''.

Le 1. au foir, le bord Occidental de la tache de la Lune appel-lée *Mare Criſium*, paſſa au méridien, l'horloge marquant 8ʰ. 48'. 10''.

Le 2. au matin, *Canopus* paſſa au méridien, l'horloge marquant 3ʰ. 11'. 35''.

Le 2. au matin, *Canis major* paſſa au méridien, l'horloge mar-quant 3ʰ. 27'. 40''.

Q

Le 2. au foir, *Phomahan* paffa au méridien, l'horloge marquant 7^h. 32$'$. 36$''$.

Le 2. au foir, le bord Occidental de Mars paffa au méridien, l'horloge marquant 8^h. 5$'$. 44$''$.

Le 2. au foir, le bord Occidental de Saturne paffa au méridien, l'horloge marquant 8^h. 42$'$. 52$''$.

Le 2. au foir, le bord Occidental de la tache de la Lune appellée *Mare Crifium*, paffa au méridien, l'horloge marquant 9^h. 34$'$ 19$''$.

Le 2. au foir, *Acarnar* paffa au méridien, l'horloge marquant 10^h. 16$'$. 0$''$.

Le 3. au matin, *Canopus* paffa au méridien, l'horloge marquant 3^h. 7$'$. 15$''$.

Le 3. au matin, *Canis major* paffa au méridien, l'horloge marquant 3^h 23$'$. 18$''$.

Le 3. au foir, *Phomahan* paffa au méridien, l'horloge marquant 7^h. 28$'$. 18$''$.

Le 3. au foir le bord Occidental de Mars paffa au méridien, l'horloge marquant 8^h. 2$'$ 2$''$.

Le 3. au foir, le bord Occidental de Saturne paffa au méridien, l'horloge marquant 8^h. 38$'$. 23$''$.

Le 3 au foir, *Acarnar* paffa au méridien, l'horloge marquant 10^h. 11$'$. 40$''$.

Le 4. au matin, *Canopus* paffa au méridien, l'horloge marquant 3^h. 2$'$. 53$''$.

Le 4. au matin, *Canis major* paffa au méridien, l'horloge marquant 3^h. 18$'$. 56$''$.

Le 4. au foir, *Phomahan* paffa au méridien, l'horloge marquant 7^h. 23$'$. 56$''$.

Le 4. au foir, le bord Occidental de Mars paffa au méridien, l'horloge marquant 7^h. 59$'$. 7$''$.

Le 9. au matin, *Canopus* paffa au méridien, l'horloge marquant 2^h. 41$'$. 3$''$.

Le 9. au matin, *Canis major* paffa au méridien, l'horloge marquant 2^h. 57$'$. 11$''$.

Le 9. au foir, *Phomahan* paffa au méridien, l'horloge marquant 7^h. 2$'$. 10$''$.

Le 9. au foir, le bord Occidental de Mars paffa au méridien, l'horloge marquant 7^h. 43$'$. 1$''$.

An. 1 6 7 3.

Janvier.

L'Octans ayant esté placé dans le méridien suivant la mesme maniére dont je m'estois servi le 11. & 16. Septembre 1672. expliquée au Chap. 9. le bord Occidental du Soleil passa au méridien le 10. de ce mois, l'horloge marquant 11ʰ. 48′. 56″. & le bord Oriental à 11ʰ. 51′. 17″.

Le 10. au soir, une Fixe de l'*Eridan* de la deuxiéme grandeur, laquelle n'est point marquée par Baïérus, passa au méridien, l'horloge marquant 7ʰ. 3′. 11″. La hauteur méridienne de cette Fixe estoit en ce temps de 43°. 27′. 20″. estant observée avec le quart de cercle.

Le 11. je mis le quart de cercle dans le méridien de la mesme maniére que je fis le 9. Octobre 1672. dont j'ay parlé au Chap. 9.

Le 12. le bord Oriental du Soleil passa au méridien, l'horloge marquant 11ʰ. 51′. 31″.

Le 12. au soir, *Canopus* passa au méridien, l'horloge marquant 10ʰ. 26′. 22″.

Le 12. au soir, une Fixe de la troisiéme grandeur, laquelle est dans la poupe de la Navire, & dont la hauteur méridienne observée avec le quart de cercle, estoit de 34′. 52′. 0″. passa au méridien, l'horloge marquant 10ʰ. 51′. 19″.

Le 14. au matin, une Fixe du Centaure de la deuxiéme grandeur, marquée ♋ par Baïérus, & nommée *sub alvo trium media,* passa au méridien, l'horloge marquant 5ʰ. 23′. 40″. Et sa hauteur méridienne observée avec le quart de cercle en ce mesme temps, estoit de 33°. 19′. 0″.

Le 14. au matin, une autre Fixe de la deuxiéme grandeur dans la constellation du *Centaure,* laquelle n'est point marquée par Baïérus, & dont la hauteur méridienne observée avec le quart de cercle estoit de 26°. 26′. 50″. passa au méridien, l'horloge marquant 5ʰ. 45′. 30″.

Le 15. le bord Occidental du Soleil passa au méridien, l'horloge marquant 11ʰ. 49′. 17′.

Le 15. au soir, une Fixe de la troisiéme grandeur, qui passoit au méridien entre *Acarnar* & *Canopus,* passa au méridien, l'horloge marquant 8ʰ. 26′. 26″. & sa hauteur méridienne observée avec le quart de cercle estoit de 29°. 20′. 50″.

Le 16. au matin, une Fixe de la deuxiéme grandeur, qui est dans

Q ij

le pied de la *Croix du Sud*, dont la hauteur méridienne observée avec le quart de cercle estoit de 23°. 50'. 40''. passa au méridien, l'horloge marquant 4ʰ. 7'. 49''.

Le 16. au matin, la Fixe qui est au sommet de la *Croix du Sud*, dont la hauteur méridienne observée avec le quart de cercle estoit de 29°. 49'. 40''. & qui est de la deuxiéme grandeur, passa au méridien, l'horloge marquant 4ʰ. 11'. 20''.

Le 16. au matin, une Fixe de la troisiéme grandeur dans la constellation de la *Mouche*, dont la hauteur méridienne observée avec le quart de cercle estoit de 17°. 38'. 30''. passa au méridien, l'horloge marquant 4ʰ. 26'. 59''.

Le 16. Janvier m'estant apperceû que le quart de cercle estoit éloigné du vray méridien de 50''. de temps du costé d'Occident, je l'y remis par le moyen de l'Octans qui y estoit, suivant la methode de laquelle je m'estois servi dans les Observations de l'année 1671. Chap. 9. c'est pourquoy il faudra corriger les Observations cy - dessus faites pendant ce mois.

Le 18. le bord Occidental du Soleil passa au méridien, l'horloge marquant 11ʰ. 49'. 5''. 30'''. & le bord Oriental à 11ʰ. 51'. 25''.

Le 19. le bord Occidental du Soleil passa au méridien, l'horloge marquant 11ʰ. 49'. 1''. & le bord Oriental à 11ʰ. 51'. 17''. Cette observation fut faite en détournant encore le quart de cercle de 35''. de temps vers l'Orient, dautant qu'il estoit tourné de cette quantité de temps vers l'Occident. Je me servis pour cela des bords Oriental & Occidental du Soleil, en attendant leur passage au méridien du quart de cercle 35''. de temps plustost qu'il n'y auroit passé, si l'instrument estoit demeuré dans le mesme vertical où il estoit le 18. de ce mois.

Le 20. le bord Occidental du Soleil passa au méridien, l'horloge marquant 11ʰ. 48'. 56''. & le bord Oriental à 11ʰ. 51'. 16''.

Le 20. au soir, une Fixe de la troisiéme grandeur que je crois estre de la *Dorade*, & dont la hauteur méridienne observée avec le quart de cercle estoit de 21°. 49'. 30''. passa au méridien, l'horloge marquant 7ʰ. 44'. 18''.

Le 20. au soir, une autre Fixe de la troisiéme grandeur, que je crois aussi estre de la *Dorade*, dont la hauteur méridienne observée avec le quart de cercle estoit de 29°. 20'. 50''. passa au méridien, l'horloge marquant 8ʰ. 0'. 51''.

Le 21. au matin, une Fixe de la premiére grandeur dans un des pieds de devant du *Centaure*, marquée par Baïerus α, & appellée *in summo pede lævo*, passa au méridien, l'horloge marquant 5ʰ. 49'. 56''.

Le

Le 21. le bord Occidental du Soleil paſſa au méridien, l'horloge marquant 11ʰ. 49′. 6″. & le bord Oriental à 11ʰ. 51′. 22″.

Le 21. au ſoir, une Fixe de la quatriéme grandeur qui eſt entre *Canopus* & *Acarnar,* dont la hauteur méridienne eſtoit de 19°. 16′. 50″. eſtant obſervée avec le quart de cercle, paſſa au méridien, l'horloge marquant 7ʰ. 10′. 0″.

Le 21. au ſoir, la Fixe qui eſt dans le plomb de la ſonde du Pilote de la Navire, laquelle eſt de la quatriéme grandeur, & dont la hauteur méridienne obſervée avec l'Octans eſtoit de 33°. 53′. 20″. paſſa au méridien, l'horloge marquant 9ʰ. 8′. 56″.

Le 21. au ſoir, *Canopus* paſſa au méridien, l'horloge marquant 9ʰ. 46′. 24″.

Le 22. au ſoir, une Fixe de la deuxiéme grandeur dans la Navire, laquelle n'eſt point marquée par Baïérus, & dont la hauteur méridienne obſervée avec le quart de cercle eſtoit de 34°. 52′. 0″. paſſa au méridien, l'horloge marquant 10ʰ. 10′. 22″.

Le 22. au matin, la Fixe *in ſummo pede lævo Centauri,* paſſa au méridien, l'horloge marquant 5ʰ. 45′. 58″.

Le 23. au ſoir, *Canopus* paſſa au méridien, l'horloge marquant 9ʰ. 42′. 4″.

Le 23. au matin l'horloge fut arreſtée, & remiſe enſuite en mouvement.

Le 23. le bord Occidental du Soleil paſſa au méridien, l'horloge marquant 12ʰ. 32′. 15″. & le bord Oriental à 12ʰ. 34′. 33″. en ſuite l'horloge fut reculée de 35′. 47″.

Le 24. le bord Occidental du Soleil paſſa au méridien, l'horloge marquant 11ʰ. 56′. 24″. & le bord Oriental à 11ʰ. 58′. 42″.

Le 24. au ſoir, la queuë de la *Dorade* qui eſt de la troiſiéme grandeur, & dont la hauteur méridienne obſervée avec le quart de cercle eſtoit de 27°. 10′. 30″. paſſa au méridien, l'horloge marquant 8ʰ. 24′. 50″.

Le 24. au ſoir, une Fixe de la quatriéme grandeur, laquelle eſt dans le dos de la *Dorade,* & de laquelle la hauteur méridienne obſervée avec le quart de cercle eſtoit de 22°. 25′. 0″. paſſa au méridien, l'horloge marquant 8ʰ. 55′. 44″.

Le 24. au ſoir, la Fixe de la Navire qui eſt dans le plomb de la ſonde de la Navire cy-deſſus obſervée, paſſa au méridien, l'horloge marquant 9ʰ. 4′. 34″.

Le 24 au ſoir, *Canopus* paſſa au méridien, l'horloge marquant 9ʰ. 41′. 39″.

Le 24. au ſoir, la Fixe qui eſt au deſſous de la nebuleuſe de la Navire, laquelle eſt de la troiſiéme grandeur, & dont la hauteur mé-

R

ridienne obfervée avec le quart de cercle eftoit de 42°. 9'. 30''. paffa au méridien, l'horloge marquant 11ʰ. 13'. 18''.

Le 24. au foir, une autre Fixe de la mefme conftellation, laquelle eft de la deuxiéme grandeur, qui n'eft point marquée par Baïérus, & dont la hauteur méridienne obfervée avec le quart de cercle eftoit de 45°. 59'. 20''. paffa au méridien, l'horloge marquant 11ʰ. 16'. 56''.

Le 24. au foir, une autre Fixe dans la mefme conftellation, laquelle eft de la deuxiéme grandeur, & dont la hauteur méridienne obfervée avec le quart de cercle eftoit de 26°. 39'. 0''. paffa au méridien, l'horloge marquant 11ʰ. 41'. 5''.

CHAPITRE X.

OBSERVATIONS PHYSIQUES.

ARTICLE I.

De la longueur du pendule à fecondes de temps.

L'UNE des plus confiderables Obfervations que j'ay faites, eft celle de la longueur du pendule à fecondes de temps, laquelle s'eft trouvée plus courte en Caïenne qu'à Paris : car la mefme mefure qui avoit efté marquée en ce lieu-là fur une verge de fer, fuivant la longueur qui s'eftoit trouvée neceffaire pour faire un pendule à fecondes de temps, ayant efté apportée en France, & comparée avec celle de Paris, leur difference a efté trouvée d'une ligne & un quart, dont celle de Caïenne eft moindre que celle de Paris, laquelle eft de 3. pieds 8. lignes ½. Cette Obfervation a efté réïterée pendant dix mois entiers, où il ne s'eft point paffé de femaine qu'elle n'ait efté faite plufieurs fois avec beaucoup de foin. Les vibrations du pendule fimple dont on fe fervoit, eftoient fort petites, & duroient fort fenfibles jufques à cinquante-deux minutes de temps, & ont efté comparées à celles d'une horloge tres-excellente, dont les vibrations marquoient les fecondes de temps.

ARTICLE II.

Du flux & reflux de la Mer.

LE flux & reflux de la mer eft réglé aux Coftes de l'Amérique, au tour de l'Ifle de Caïenne, & vers l'embouchéure de la Riviére des Amazones, comme aux Coftes de France fur l'Ocean.

Il est haute mer autour de l'Isle de Caïenne, sur le bord de la grande mer, les jours de la nouvelle & pleine Lune, à trois heures trois quarts aprés midy, & pluftost que cette heure, plus on approche de l'Equateur, en fuivant les Coftes fur le bord de la grande mer: à quoy j'ajoufte que la mer hauffe & baiffe autour de cette Isle de fix pieds aux jours de la nouvelle & pleine Lune: ce que j'ay remarqué pendant une année entiére, & qu'aux Equinoxes, dans le temps des grandes marées où la mer monte beaucoup plus haut aux Coftes de l'Europe fur l'Ocean que dans les autres temps, elle ne monte en Caïenne que d'un demy-pied plus haut qu'à l'ordinaire, dans les temps de la nouvelle & pleine Lune: ce qui arrive pendant deux grandes marées devant & aprés celles des Equinoxes. Il arrive auffi en ce mefme lieu, comme aux Coftes de France fur l'Ocean, que la mer monte toûjours plus haut le troifiéme jour aprés la nouvelle & pleine Lune exclufivement, que dans les jours de fon oppofition & de fa conjonction.

J'ajoufteray à ces Obfervations du flux & reflux de la mer faites en Caïenne, celles que je fis en l'année 1670. aux Coftes de l'Acadie en Canada & aux Coftes de la nouvelle Angleterre.

Je remarquay eftant aux Coftes de l'Acadie, dans la Riviére de Pentagoüët au Fort du mefme nom, dont la hauteur du Pole eft de 44°. 22′. 20″. & qui eft avancé d'environ douze licuës dans la Riviére pofée Nord & Sud, que la mer y eftoit haute le 31. Juillet 1670. jour de la pleine Lune, à neuf ou dix fecondes de temps avant midy, En ce temps le vent venoit tantoft de l'Oüeft, tantoft du Sudoüeft, & eftoit fort petit. Je remarquay auffi en ce mefme endroit que le 4. jour d'Aouft qui eftoit le 4. aprés la pleine Lune, la mer y monta plus haut que les autres jours, & que la difference entre la haute & baffe mer dans le temps de la pleine Lune, eftoit de dix pieds.

Aux Coftes de la nouvelle Angleterre, dans le Port d'un lieu qui s'appelle Pefcatoüé, qui eft fur le bord de la grande mer, & dont la hauteur du Pole eft de 43°. 7′. j'obfervay que la mer y eftoit haute le 16. Juillet 1670. jour de la nouvelle Lune, à onze heures & un quart du matin.

En cette mefme année 1670. eftant à la Rochelle aux temps des deux Equinoxes, entre lefquels je fis le voyage de Canada, j'y remarquay, 1. que les hautes marées les plus proches des Equinoxes y monterent fort haut, & fuivant le rapport des Pilotes & des Matelots, beaucoup plus qu'à l'ordinaire en pareille rencontre. 2. Qu'aux jours de la nouvelle & pleine Lune, aprés celles des Equinoxes, la mer y monta en cette année quatre pieds moins qu'aux temps de celles qui font les plus proches des Equinoxes. 3. Qu'aux jours de

la nouvelle & pleine Lune il y eſt toûjours haute mer trois heures & demie aprés midy.

ARTICLE III.

De la variation de l'aiguille aimantée, & de ſon inclinaiſon.

LA variation de l'aiguille aimantée n'eſt pas moins ſenſible en
l'Iſle de Caïenne qu'en pluſieurs autres endroits: car ayant ap-
pliqué une Bouſſolle quarrée, dont l'aiguille eſtoit fort vive, le long
de la ligne méridienne tracée ainſi que nous avons dit au Chap. 9.
je remarquay par diverſes fois qu'elle déclinoit du coſté du Nord
vers le Levant d'onze degrez; à quoy ceux qui navigent vers les
Coſtes de cette Iſle, pourront avoir égard pour leur ſeûreté.

Pluſieurs ont penſé que l'aiguille aimantée gardoit une incli-
naiſon, à l'égard de l'horiſon, pareille à la hauteur du Pole où
elle eſtoit; ce que j'ay obſervé n'eſtre pas veritable: car ayant
fait faire une Bouſſolle exprés avant que de partir pour aller en
Caïenne; & l'ayant appliquée ſur une ligne méridienne à l'Obſervatoire Royal de Paris, je trouvay qu'elle s'inclinoit au deſſous
de l'horiſon du coſté du Nord de 75°. la meſme Bouſſole ayant
eſté appliquée ſur la ligne méridienne que j'avois tracée en Caïenne, je trouvay par diverſes fois qu'elle s'inclinoit au deſſous de l'horiſon de 50°. du coſté du Nord, en cét endroit où la hauteur du
Pole n'eſt qu'environ de 4°. 56'.

Doutant que cette aiguille aimantée n'euſt ſouffert quelque changement pendant mon voyage, eſtant de retour à Paris, je l'appli-
quay dérechef ſur la meſme ligne méridienne dans l'Obſervatoire
Royal de Paris, ainſi que j'avois fait auparavant mon départ, &
je trouvay qu'elle s'inclinoit au deſſous de l'horiſon de la meſme
maniére qu'auparavant.

ARTICLE IV.

De la hauteur du vif-argent dans les Barometres.

ON eſtoit en peine de ſçavoir ſi vers l'Equateur la hauteur du
vif-argent dans les Barometres eſtoit la meſme qu'à Paris,
ou non: de quoy je me ſuis éclairci par les Obſervations que j'ay
faites en Caïenne pendant une année entiére, où j'ay remarqué
que ſa plus grande hauteur n'a jamais ſurpaſſé vingt-ſept pouces
une ligne dans un lieu qui n'eſtoit élevé au deſſus de la ſuperficie
de la mer que de vingt-cinq à trente pieds.

✪✪✪

ARTICLE

ARTICLE V.

Des Crepuscules.

LA durée des Crepuscules en Caïenne est telle, que je lisois facilement pendant 45. minuttes avant le lever du Soleil, & autant aprés son coucher: ce qui fait voir que les réfractions de la lumiére du Soleil sont à peu prés en ce lieu les mesmes qu'en France; & il est d'autant plus vray, que pour y voir un objet distinctement avec les Lunettes de longue veûë, il faut qu'elles y soient précisément de la mesme longueur qu'à Paris. J'ay fait cette experience quantité de fois avec celles que j'avois portées pour me servir dans mes Observations, sur lesquelles j'avois marqué, estant en France, la longueur qu'elles devoient avoir pour voir avec elles clairement & distinctement les objets.

ARTICLE VI.

Des Vents.

LEs Vents qui regnent vers l'Isle de Caïenne & vers la Riviére des Amazones, ne sont pas si sujets aux changemens qu'aux Costes de l'Europe. Depuis le mois de Juillet jusques à la fin de Décembre, qui est la saison des secheresses, ils viennent toûjours du costé du Levant entre l'Est & le Nord; & depuis la fin de Décembre jusques au mois de Juillet suivant, qui est la saison des pluyes, ils viennent aussi du Levant, mais entre l'Est & le Sud. Cette regle n'est pourtant pas si générale, que quelquefois les Vents ne viennent d'un mesme endroit en ces deux differentes saisons; mais toûjours du costé du Levant, entre le Nord & le Sud, estant tres-rare de voir qu'ils passent ces deux points du costé du Couchant.

Ils ne durent pas continuellement pendant le jour & la nuit: ils commencent le matin entre huit & neuf heures, particuliérement dans la saison de la secheresse, & durent jusques vers le coucher du Soleil avec une force suffisante pour faire moudre les Moulins à vent, & en suite ils s'abbaissent peu à peu jusques au lendemain qu'ils recommencent. Ils servent beaucoup à temperer la chaleur qui seroit excessive en ces païs-là pendant toute l'année, d'autant que le Soleil estant en son midy, n'y est jamais moins haut sur l'horison que de soixante degrez.

S

ARTICLE VII.

Remarques sur quelques Animaux & Poissons.

J'Ay remarqué estant en Caïenne, que le sang des Marsouïns n'est gueres moins chaud lors qu'on leur ouvre le ventre estans en vie, que celuy des Animaux terrestres : mais il n'en est pas de mesme de celuy des Tortuës, lequel, quoy-qu'elles en ayent en grande abondance, est moins chaud que les eaux douces de ce païs-là.

Ce n'a pas esté sans estonnement que j'ay veû en ce mesme endroit un Crocodile enfermé pendant huit mois dans une grande caisse pleine d'eau, lequel ne mangeoit rien, quoy-qu'on mist auprés de luy du poisson & de la viande : si pendant ce temps-là il a pris quelque nourriture, ce n'a pû estre que de l'eau dans laquelle il estoit, laquelle on luy changeoit tous les jours. Aprés ce temps je le fis embarquer sur le Vaisseau dans lequel je repassois en France, pour l'y apporter : mais l'agitation le fit mourir trois jours aprés.

Je fus beaucoup plus surpris de voir un poisson long de trois à quatre pieds, semblable à une anguille grosse comme la jambe, & telle que celle de mer que les Pescheurs appellent Congre, lequel estant touché non seulement avec le doigt, mais mesme avec l'extrémité d'un baston, engourdit tellement le bras & la partie du corps qui luy est la plus proche, que l'on demeure pendant environ un demi quart d'heure sans pouvoir le remuer, & cause mesme un ébloüïssement qui feroit tomber si on ne prévenoit pas la cheûte en se couchant par terre, & ensuite on revient au mesme estat qu'auparavant. J'ay esté témoin de cét effet, & je l'ay senti, ayant touché ce poisson avec le doigt, un jour que je rencontray des Sauvages qui en avoient un encore vivant, lequel ils avoient blessé d'un coup de fléche, & tiré de l'eau avec la fléche mesme. Je n'ay pas pû sçavoir d'eux le nom de ce poisson : ils disent qu'en frapant les autres poissons avec sa queuë, il les endort, & les mange ; ce qui est aisé à croire, voyant l'effet qu'il produit sur les hommes lors qu'ils le touchent.

Il y a une espece de Pourceau sauvage dans les bois en ce païs-là, qui a un trou au milieu du dos, par lequel il jette de l'écume lors qu'il est poursuivi par les chasseurs ; ce qui a fait croire à quelques-uns que cét animal respiroit par ce trou, ce que j'ay trouvé n'estre pas veritable : car un Chasseur en ayant pris un jour un avec ses chiens, je l'ouvris fort soigneusement, & taschay de dé-

couvrir fi cette ouverture penetroit bien-avant au dedans du corps
de cét animal ; ce que je ne pus appercevoir : je trouvay feulement
que ce trou eftoit l'ouverture d'un petit réfervoir fort uni au dedans, à peu prés comme le baffinet des reins de l'homme, environné
tout autour d'une efpece de glande fpongieufe & fort blanche,
fans aucun conduit au travers dans les parties fpongieufes du corps.

F I N.

A P A R I S,
DE L'IMPRIMERIE ROYALE,
PAR SEBASTIEN MABRE-CRAMOISY,
Directeur de ladite Imprimerie.

M. D C. L X X I X.